Insight & Paradox

통찰과 역설

통찰과 역설

본질을 알면 모순이 보인다

| 천공·지음 |

Insight

&

Paradox

마음
서재

하늘이 맑으면 그 빛깔을 품은 호수도 맑다

어느 따뜻한 봄날 오후, 비가 그친 호수공원을 산책하다가 봄바람에 밀려 아름다운 물결을 자아내는 호수를 눈 시리게 바라보고 있었다. 명경(明鏡)인 듯 맑은 하늘이 그 속에 잔잔히 가라앉아 있었다.

곧 출간될 책《통찰과 역설》에 들어갈 '머리말'이 도무지 생각나지 않아서 호숫가를 걷던 중이었다.

정법시대문화재단 신경애 이사장이 내게 물었다. 그는 나의 오랜 제자다.

"스승님, 무얼 그렇게 골똘히 생각하고 계십니까?"

"오늘 하늘이 맑으니 호수도 티 없이 맑네."

"한바탕 폭우가 쏟아진 뒤라서 더욱 맑은 것 같아요."

"그렇지. 하늘이 맑으면 그 빛깔을 품은 호수도 맑고 사람의 얼굴이 맑으면 거울도 맑은 법이지."

언제부턴가 생각이 깊어질수록 14층 사무실 창가에서 멀리 호수를 바라보는 일이 잦아졌다. 신불산에서 17년 동안 수행했던 긴 세월들이 요즘 따라 많이 생각났기 때문이다. 그때 나는 이 세상이 '대자연의 위대한 법칙' 속에서 한 치의 오차도 없이 움직인다는 걸 깨달았다. 그것은 다름 아닌 '정법(正法)'이었다.

누구나 그렇듯이 살면서 시행착오를 겪기 마련이고 끊임없이 뉘우침을 반복한다. 이를 겪지 않고 성장하는 사람은 없다. 나는 언제부턴가 이를 겸허하게 받아들이기 시작했다.

개인과 사회가 행복해지는 방법은 아주 간단하다. 지금의 나를 돌아보고 버릴 것은 과감하게 버리고, 바꿔야 할 것은 바꿔서 무엇이 잘못되었는가를 반성하여 미래의 나를 위해 노력하면 된다.

그런데 어떤가. 지금의 우리 사회는 과거의 관습과 관념에 마치 마비된 듯 한 발짝도 앞으로 나아가지 못하고 오히려 뒷걸음질하고 있다. 이를 타파하지 않고서 미래를 기대한다는 건 있을 수 없다는 생각이 자꾸 든다.

기업들은 또 어떤가. 무려 3대에 걸쳐서 세습 경영을 하고 있다. 지금 세계 경제는 빠르게 변화하고 있는데도 아직도 과거의 경영철학에 머물러 있는 한국의 기업들을 보는 나로서는 참으로 안타깝다.

그동안 나는 이러한 잘못된 과거 지향적인 한국 사회의 모순과 오랜 관습을 무너뜨리기 위해 지난 2011년 11월부터 유튜브를 통해 '정법강의'를 해 왔다. 다행스럽게도 많은 사람들이 열렬하게 지지해 준 덕분에 무려 1만 회의 강의와 1억 8천만 뷰를 기록했다. 물론, 내가 '정법강의'를 한 이유는 개인의 영달을 위해서가 아니라 한국 사회 전반에 걸친 부조리한 관습과 관념을 타파하여 행복하고 바른 사회를 만들기 위해서였다.

이번에 출간하는 《통찰과 역설》에 담긴 내용들은 사실 거창한 이야기는 아니다. 개인이 어떤 마음으로 세상을 살아야만 모두가 행복해질 수 있는지에 대한 소소한 것들이다. 개인이 행복하지 않으면 기업과 사회는 그 존재 가치를 잃어버린다.

삶은 때론 통찰과 비판을 필요로 한다. 통찰은 깊은 사유와 비판정신에서 나오기 때문에 비판 없는 통찰은 아무런 가치가 없다. 그러므로 지금껏 우리가 알아온 잘못된 상식이나 관습들을 바꾸지 않으면 안 된다.

개인의 생각과 정신이 올바르면 더불어 이 사회도 바르게 된다. 바르게 산다는 것은 개인이 절대적으로 추구해야 할 규범이자 도덕이다. 개인이 올곧지 못하면 개개인이 모여서 구성되는 국가와 사회, 기업이 힘들어질 수밖에 없다. 그러므로 내가 행복한 삶을 살려면 '대자연의 법칙'에 따라 살면 된다. 이것은 천년이 지나도 결코 변하지 않는다.

2020년 5월

천공 배상

차례

2부

전생의
원수가
현생의 부부

4부

운명을
바꾸려면
좋은 인연을
만나라

5부

깨달음에는 경계가 없다

1부

생각이 바뀌면 운명이 바뀐다

자신을 옭아맸던
오랜 관습과 관념에서 벗어나
지금 이 순간, 자신에게 충실하라.

어제 알고 있던 정보로
오늘 그 사람을 평가하지 마라

누군가를 만나기 위해 약속했다면

그에 대한 과거의 정보를 깨끗이 지워버리고 만나라

그래야만 그에게 집중할 수 있다.

살면서 꼭 명심해야 할 한 가지가 있다. 누군가를 만날 때는 어제까지 알고 있었던 그 사람에 대한 정보와 편견을 가지고 오늘 대하지 말라는 것이다. 사람은 누군가를 만나면 좋은 기억이나 좋지 못했던 기억들을 은연중에 가지고 있는데 그중에서도 희한하게도 좋은 점보다는 나쁜 점을 더 많이 각인(刻印)하는 버릇을 지니고 있다. 아마 당신도 예외는 아닐 것이다.

예를 하나 들어보겠다. 한 여성이 20여 년이라는 세월이 흐른 후에 오랜만에 고등학교 동창회에 가서 옛 친구들을 만났다.

"쟤는 고등학교 때는 공부를 아주 못했는데 지금은 교수가 되어 있네. 쟤는 만날 천방지축으로 놀았는데 지금은 잘나가는 의사 부인이 되어 있네. 쟤는 얼굴도 못생겼었는데 남편이 변호사네. 쟤는 돈을 엄청 벌어서 빌딩을 가지고 있다고 하더라. 쟤는 갑자기 부모에게 물려받은 땅이 개발되어 엄청난 부자래."

당신도 이런 경험을 종종 했을 것이다. 자신보다 훨씬 공부를 못했던 건 물론, 얼굴도 못생겼고 집안이 가난했던 친구가 20여 년이 흐른 후에 다시 만났을 때 자기보다 월등하게 잘 살거나 많이 배워서 사회의 저명인사가 되어 있다면 기분이 편치는 않았을 것이고, 심지어 심기가 불편하고 배가 많이 아팠을 것이다.

왜 그럴까? 학창 시절에는 "내가 그 친구보다 공부도 훨씬 잘했고 얼굴도 예뻤는데." 하는 우월감이 있었기 때문인데, 그로 인해 나쁜 분별심이 일어났던 것이다.

한국인들은 사돈이 땅을 사면 배가 아픈 아주 못된 습성을 가지고 있다. 고등학교를 졸업한 지 수십여 년이라는 세월이 흘렀는데도 아직도 그 친구보다 자기가 우월하다는 생각에 사로잡혀서 친구의 성공을 인정하지 못하고 있는 것이다.

도를 닦다가 갑자기 깨쳐서 한순간에 부처가 될 수도 있고, 어떤 충격을 받아서 한순간에 바뀔 수 있는 게 사람이다. 과거에 좋지 못한 평판을 받았던 사람이 그동안 열심히 살아서 좋은 사람으로 바뀔 수도 있다. 그러므로 오늘 이 순간 내가 만나고 있는 사람의 본질을 봐야지 과거의 일을 가지고 지금 그 사람을 판단하거나 분별해서는 안 된다는 얘기이다.

과거는 오늘로 오는 과정에 불과할 뿐이다. 때문에 우리는 어제를 과거라고 말하는 것이고, 과거에 겪었던 일들은 그 사람이 보다 나은 삶을 살기 위한 한 과정임을 인정해야 한다. 한순간의 실수나 잘못된 판단으로 일탈했다고 해서 그 후에도 그렇게 살았다고 짐작하는 건 잘못된 판단이다.

본래부터 사람의 본성은 선해서 잘못을 스스로 정화할 수 있는 힘을 가지고 있다. 그렇기에 오늘 내 앞에 있는 사람을 단순히 과거의 정보만으로 판단하는 심각한 오류를 범해서는 안 된다. 지금 이 순간부터 나에게 그 사람이 어떻게 행동하는지, 진실한 모습을 보이는지가 더 중요하다는 것이다.

과거는 관념일 뿐, 자신이 지어낸 생각에 사로잡히게 되면 사람에 대한 진실한 평가를 할 수 없고 그로 인해서 마음이 열리지 않기 때문에 상대방을 편안하게 대할 수가 없게 된다. 만약 그런 생각으로 사람을 만난다면 차라리 그를 피하는 것이 좋다. 왜냐하면 관념으로 인해서 내 삶의 에너지가 멈춰버리게 되고 그로 인해 자신이 마음의 고통을 당할 수 있기 때문이다.

사람을 만나는 목적은 삶의 에너지를 얻기 위함이다. 그런데 누군가를 만나서 오히려 자신의 에너지를 빼앗겨버린다면 만나야 할 이유가 없다. 만약 과거의 정보만으로 잘못된 판단을 했다면, 그건 자신이 나쁘게 본 것이지 그 사람이 직접적으로 나쁜 짓을 한 것은 아니므로 단지 과거의 정보에 의해 나쁜 사람이라고 인식하는 건 좋은 삶의 자세가 아니다.

이런 사람은 좋은 인연을 만들지 못하거니와 사업을 한다고 해도 결코 성공하지 못한다. 만날 사람이 에너지를 충족시켜 줄 사람이 아니라면 차라리 약속을 하지 않는 것이 더 좋다.

그럼에도 불구하고 누군가를 만나기 위해 약속했다면 그에 대한 과거의 정보를 깨끗이 지워버리고 만나라. 그래야만 그에게 집중할 수 있다. 또한 대화를 나눌 때는 마음의 문을 먼저 열어야 자신의 에너지도 업그레이드가 된다.

그렇지 않고 과거의 나쁜 정보로 자꾸 상대방을 대하면 에너지를 뺏길 수 있다. 그러니 과거의 나쁜 정보를 가지고 지금 앞에 있는 사람을 대하는 건 아주 어리석은 일이다.

검사와 도둑의 기운은 같다

검사에게 "도둑놈과 기운이 같다."고 말하면 "무슨 사이비 같은 궤변인가?"라고 당장 기분이 나빠질 것이다. 하지만 엄연한 사실이다. 검사와 도둑의 기운이 같지 않으면 서로 상대하기가 힘들어진다.

검사와 도둑의 기운은 원래부터 같다. 누구는 검사로 살고 누구는 도둑으로 사는 이유는 전생에 지은 자신의 업보 때문이다. 전생에 죄를 많이 지은 자는 현생에도 범죄자가 되고, 선한 일을 많이 한 자는 검사가 된다. 그러니까 현생에 절대로 죄를 짓지 말라는 것이다.

우리 사회는 서로 연관된 직업군으로 나뉘어 있다. 이를 직업적인 관점에서 살펴보면 판검사와 도둑, 의사와 환자, 선생과 학생, 사장과 직원 등이다. 이들은 매일 서로를 상대한다. 도둑이 없으면 검사가 필요 없고, 환자가 없으면 의사도 필요 없다. 나아가 대통령과 국민, 시장과 시민의 관계도 그와 같다. 내 말의 요지는 서로를 필요로 하는 존재라는 얘기이다.

그래서 내가 꼭 강조하고 싶은 것이 있다. 판사나 검사가 도둑놈과 사기꾼을 끊임없이 상대하려면, 의사가 환자들을 잘 치료하려면, 대통령이 국민들의 마음을 잘 헤아리려면 공부해야 할 것이 엄청나게 많다는 것이다.

또한 검사와 도둑의 기운이 같다는 말은 전생의 사주가 서로 같다는 얘기이다. 판사와 검사는 도둑과 사기꾼을 잡기 위해 끊임없이 연구해야 한다. 의사는 환자를 고치기 위해 연구해야 하고 대통령은 국민의 마음을 헤아리기 위해 끊임없이 공부해야 한다. 왜냐하면 이 세상의 모든 존재들은 둘이 아니라 하나로 연결되어 있고 때문에 직업과 신분에 귀천이 없다는 것이다.

만약 검사에게 "도둑놈과 기운이 같다."고 말하면 "무슨 사이비 같은 궤변인가?'라고 당장 기분이 나빠질 것이다. 하지만 엄연한 사실이다. 검사와 도둑의 기운이 같지 않으면 서로를 상대하기가 힘들어진다.

더 쉽게 비유해보겠다. 교도관은 감옥에 죄인들을 가두어 놓고 출퇴근을 하면서 함께 지낸다. 그리고 교도관은 자유롭게 세상의 안팎을 드나들 수 있지만 죄인은 감옥 안에서만 생활해야 한다. '자유가 있는가, 없는가?'라는 것은 인간의 존엄적 가치관에서 볼 때 엄청난 차이가 있다. 그래서 사람은 죄를 지으면 안 된다는 것이다.

여기에는 몇 가지의 전제가 따른다. 교도관은 죄인들이 가지고 있는 에너지보다 더 많은 에너지를 가지고 있어야 그들을 통제할 수 있다. 죄인들의 기운을 교도관이 따라 잡지 못하면 감옥은 매일 전쟁이 날 것이다. 만약 교도관이 죄인을 억압하지 않으면 사회는 범죄의 소굴이 될 것이 자명하다.

또 하나 강조하고 싶은 것이 있다.

검사와 교도관들도 죄인들에게 배울 것은 배워야 한다는 것이다. 그들은 죄인을 통제하는 공무원들이다. 때문에 죄인들의 생각이나 행동, 습관 등을 평소에 잘 분석해두어야 한다. 왜냐하면 또 다른 사건을 예방하는 데 도움이 되기 때문이다. 그래서 그들의 직책은 매우 무겁다. 만약 그들이 죄인들을 가두는 데만 애를 쓴다면 그들은 공무원으로서 자격이 없다.

조금 더 설명하면, 특수 공무원인 검사와 교도관은 죄인들과 함께 보내는 일과와 마음의 감정들을 매일 매일 기록하라는 것이다. 이를 3년만 지속하면 교정 분야에서 일인자가 될 수 있다.

사람은 어떤 자리에 있든지 간에 수행을 멈추지 말아야 한다. 3년 동안 자신이 느끼고 보아온 교도관 생활을 적은 글이 후배들에게 조금이라도 도움이 된다면 이보다 더 좋은 일은 없다. 어쩌면 그는 큰 '공(功)'을 세우게 될지도 모른다. 이렇듯이 교도관은 교도관의 길이 있다. 단순히 죄인을 감옥에 가두는 일에만 전념한다면 그의 기운은 죄인의 것밖에 되지 않는다.

죄인들도 마찬가지이다. 그들도 교도관을 통해서 바른 생활을 습득하고 고친다면 나중에는 좋은 인간으로 거듭날 수 있다는 것이다. 그래서 검사와 도둑의 기운이 같고, 교도관과 죄인의 기운이 같다고 말하는 것이다. 단지, 그들은 현생에 지은 업의 결과로 극과 극으로 갈라졌을 뿐이다.

사람은 어떤 분야에서 일하든지 자신의 자리에서 최선을 다하고 떠날 때는 남기는 것이 반드시 있어야만 한다. 그래야만 후배들에게 존경받을 수 있고 나중에 자신의 '공덕(功德)'이 된다.

전생이라고 해서 꼭 우리가 태어난 이전의 세상을 말하는 게 아니라 우리 일상 속의 직책과도 깊은 연관성이 있다. 기업도 마찬가지이다. 자신이 앉은 자리에서 항상 최선을 다하고 떠나면 나중에 온 후배가 빨리 성장할 수 있다. 따라서 전생과 내생은 지금 우리가 살고 있는 이 자리를 뜻한다.

돈도 에너지에 따라 움직인다

운과 복은 남이 만들어 주는 게 아니라
바로 자기 자신이 만든다
이것이 바로 '대자연의 진리'이다.

어떤 사람은 금방 돈이 모이는데 어떤 사람은 아무리 노력해도 모이지 않고 생길 때마다 빠져나간다. 그 이유는 바로 개인이 가진 '기운(氣運)', 즉 에너지의 질량 때문이다.

인간은 물론, 모든 생명들은 하늘과 나무, 꽃과 바람, 햇빛이 뿜어내는 엄청난 에너지를 먹고 산다. 만약 대자연이 뿜어내는 광대한 에너지가 없었다면 인간은 애초부터 존재하지도 않았다.

인간은 자신만의 '기운(氣運)'을 가지고 태어난다. 여기에서 '기'

는 개인의 에너지이고 '운'은 복이다. 그래서 옛날부터 복은 타고 난다고 했던 것이다. '기'가 충만하지 않은 사람은 에너지가 없어서 '복'도 오지 않는다. 시도 때도 없이 풀이 죽어 있고 기운이 없는 사람에게 복이 올 리가 만무하다.

그러면 사람의 '기운'은 어디에서 흘러나올까? 곧은 마음에서 흘러나온다. '곧다'라는 말은 대나무처럼 하늘을 향해 기운이 뻗쳐 있는 걸 말한다. 땅은 '음(陰)'이고 하늘은 '양(陽)'이다. 몸을 디디고 마음은 늘 하늘을 향해 있어야 '기운'이 생긴다. 땅은 1미터도 못 파지만 하늘은 무한대로 뻗칠 수 있는 공간이 있다. 다시 말해, 자신의 마음을 항상 하늘에 두고 대나무처럼 곧은 기상을 가지고 있으라는 얘기이다.

인간들은 잘되면 자기 탓이고, 잘못되면 꼭 남 탓을 한다. 이런 탁한 마음을 가지면 아무리 열심히 일해도 십중팔구 망하거나 좋지 못한 결과를 얻는다. 또한 남을 욕하는 사람은 몸속에 탁한 기운이 가득해서 그나마 가지고 있던 자신의 운마저 다 잃어버린다.

이와 반대로 맑은 기운을 가지고 있는 사람은 자신이 가지고 있는 광대한 에너지의 질량 때문에 운과 복이 저절로 굴러온다. 말하자면 불행과 행운도 자신이 만들어낸다는 뜻이다.

이를 불교적으로 보면 '업보'이고 기독교로 보면 '죄지음'이다. 남을 욕하고도 잘 되는 사람은 아마 전생에 열 명의 목숨을 살린 공덕 때문일 것이다. 그게 아니라면, 천운을 타고난 사람이다.

그러므로 자신의 기운이 하늘을 향해 곧게 뻗치려면 절대로 남을 욕하지 말고 항상 칭찬해야 한다. 이것이 바로 운과 복을 동시에 갖는 방법이다.

만약 자신의 삶이 늘 고단하다면 남을 욕하거나 나쁜 행동을 한 사실은 없는지 자신을 뒤돌아보고 반성하라.

사람들은 이렇게 말한다.

"나는 지지리 복도 운도 없어요."

운과 복은 남이 만들어 주는 게 아니라 바로 자기 자신이 만든다. 이것이 바로 '대자연의 진리'이다.

그럼, 당신에게 묻겠다.

당신은 운과 복을 얻기 위해 스스로 노력해 본 적이 있는가? 없다면, 지금부터라도 곧은 마음을 지니고 남을 사랑하라. 당신에게 금방 운과 복이 저절로 찾아올 것이다.

지금 이 순간을
내 것으로 받아들여라

봄이 오면 꽃이 피고, 여름이면 꽃이 져서 가을이면 열매를 맺는다
이처럼 '대자연의 법칙'에 의해 이 세상은 쉬지 않고 움직인다.

　지금 당신 앞에 선한 것과 악한 것이 동시에 놓여 있다고 가정
한 뒤 묻겠다.
　"당신은 '선악(善惡)'의 기준을 어디에 두고 있는가?"
　일반적으로는 남을 이롭게 하면 '선한 것'이고 해를 끼치면 '악
한 것'이라고 생각하기 쉽다. 그런데 어떤가? 살다보면 나의 입
장에서 생각하면 '선'이고 남의 입장에서 보면 '악'이 되는 일이
많다. 대게 '선악'의 기준은 인간의 '양심(良心)'에 호소하지만, 이
또한 개인의 이기심에 의한 것이므로 올바른 가치판단의 기준이

될 수는 없다.

그럼 누가 '선악'을 결정할까?

불교에서는 마음이 '선악'을 구분한다고 하고, 기독교에서는 절대자인 하나님만이 오직 '선악'을 판단할 수 있다고 한다. 불교는 '악'을 멀리하고 '선'을 좇는다는 의미에서는 그 기준이 기독교보다는 타당하다고 볼 수도 있겠지만, 인간의 양심에 의존하기 때문에 미흡하다. 그리고 기독교는 눈에 보이지 않는 하나님이라는 신적 존재에게 의존하기 때문에 둘 다 명확한 '선악'을 판단할 수 있는 자격이 없다는 것이다.

그럼 누가 '선악'의 기준을 가를 수 있을까? 만약 누군가가 순간마다 '옳고 그름'과 '선악'을 명확하게 판단할 수 있는 지혜를 가지고 있다면, 그는 인간이 아니라 거의 신의 경지에 있다고 할 수 있나. 이선 무엇을 말하는가? 단지 인간의 눈으로 '선악'을 판단하지 말라는 것이다.

그럼 누가 선과 악을 규정할 수 있을까? 오직 우주를 관할하고 있는 전지전능한 대자연만이 판단할 수 있다. 왜냐하면 대자연은 신적 존재가 아니라 세상의 이치를 관할하는 진리 그 자체이기 때문이다.

이것이 내가 신불산에서 17년 동안 치열하게 수행하여 증득한 결론이다.

내가 신불산에 들어가 무당들이 굿을 히고 남긴 음식을 벽고 쓰레기를 청소하며 17년 동안 수행했던 이유는 세상을 바꿀 대단한 도(道)를 얻기 위해서가 아니었다. 사는 것이 너무 힘들어 아무도 몰래 폭포 아래로 떨어져 죽기 위해 입산을 했던 것이다.

하지만 그곳에서 물소리와 새소리, 바람 소리를 들으며 꽃과 나무들과 온갖 짐승들과 함께 살면서 지금껏 경험하지 못했던 생의 기쁨과 경이(驚異)를 느꼈다. 그로 인해 삶에 대한 강한 의문이 몸속에서 용솟음치기 시작했고 그 의문이 나를 죽음으로부터 건져 냈다. 이처럼 대자연은 내 삶을 지탱해준 버팀목이 되었고 수행 생활에 큰 힘이 되어 주었다.

돌이켜 생각하면, 결코 짧지 않았던 17년이란 세월이 지금은 하룻밤과 같다는 걸 느낀다. 나는 바위 위에서 좌선하면서 바람이 불면 부는 대로, 비가 오면 오는 대로 내 몸을 대자연 속에 맡겨 두었다. 그때 나를 치열한 수행으로 이끌었던 갈망은 '대자연 속의 나는 누구이며 나는 어떻게 살아야 하는가?'였다. 이것은 지금도 나를 이끌고 있는 '화두(話頭)'다.

또한 수행 중에 내가 끊임없이 부딪힌 것은 '선악'에 대한 분별심이었다. 무엇이 '선'이고 '악'인지를 내가 제대로만 판단할 수 있다면 생(生)에 대한 명징한 해답이 나올 것만 같았기 때문이다.

그때 나는 이 우주가 '대자연의 법칙에 의해 돌아가고 있다.'는 '원리(原理)'를 알게 되었다.

많은 이들은 나의 깨달음에 대해서 이렇게 말한다.

'신불산에서 17년 동안 깨달았다는 것이 겨우 이것인가?'라고 비웃거나 반문할 것이다. 그런데 정말 그럴까?

봄이 오면 꽃이 피고, 여름이면 꽃이 져서 가을이면 열매를 맺는다. 이처럼 이 세상은 '대자연의 법칙'에 의해 쉬지 않고 움직인다. 따라서 '대자연의 법칙'을 따르면 '선'이요, 역행하면 '악'임을 알았던 것이다.

인간은 자신과 맞지 않으면 쉽게 배신한다. 하지만 대자연은 백 년, 천년, 억만년 동안 단 한번도 약속을 어기지 않았다. 그런데도 인간들은 대자연의 진리를 잊고 산다.

내 말의 요지는 인간의 잣대로써 '선악'과 '옳고 그름'을 굳이 분별하지 않아도 대자연이 알아서 판단하고 그에 대한 '선악의 업보(業報)'를 내린다는 것이다. 얼마나 엄청난 깨달음인가? 지금 이 순간, 대자연의 진리를 내 것으로 받아들이면 당신은 백배 행복해질 것이다.

오늘날의 성인은 누구인가

붓다와 공자는 2,600여 년 전 동시대를 산 인물이다
만약 그들에게 라이터를 켜서 앞으로 내밀면
불빛에 화들짝 놀라서 뒤로 물러날 것이다.

인류학자들은 과거 인류에게 위대한 가르침을 전해준 붓다, 예
수, 소크라테스, 공자를 일반적으로 4대 성인으로 뽑고 있다. 우
리가 이러한 옛 '성인(聖人)'들의 가르침을 오랫동안 귀담아 들어
왔던 이유는 그들의 삶을 모범삼아서 나의 몸과 마음을 바르게
하여 주어진 삶을 즐겁게 살면서 자기 자신의 행복을 누리기 위
함이다.

그런 점에서 보면, 나는 인류의 스승이었던 옛 '성인'들의 가르

침 속에서 배울 것이 많다는 사실에는 전적으로 동의하지만, 한편으론 지금 시대에는 어울리지 않는 가르침이라는 게 나의 생각이다.

일전에 유튜브 강의를 하다가 청중들에게 이런 말을 한 적이 있다.

"붓다와 공자는 2,600여 년 전 동시대를 산 인물이다. 만약 그들에게 라이터 불을 켜서 앞으로 내밀면 불꽃에 화들짝 놀라서 뒤로 물러날 것이다. 물론 그들의 가르침은 훌륭하다. 하지만 첨단 시대를 살고 있는 현대인들에게 그분들의 가르침을 적용하기에는 다소 무리가 있다. 예수의 가르침과 소크라테스의 가르침도 시대와 너무 동떨어져 있다."

청중들은 내 강의를 듣고 박수를 치며 호응했다. 물론 성인들의 가르침을 무조건 무시하라는 건 아니다. 다만 수천 년 전에 그들이 전한 진리가 과연 현시대에 유용하고 적합한가이다. 물론 남에게 해를 끼치지 말고 선하게 살라는 주된 가르침은 같다. 하지만 그 방법론적 측면에서 볼 땐 현대와는 큰 괴리감이 있다는 것이다.

그렇지 않은가. 인터넷만 열면 무수하게 쏟아지는 정보 속에서 그분들의 가르침은 이미 포화상태에 있다. 이젠 그분들의 가르침은 이 시대의 좌표(座標)는 될지언정, 주된 가르침은 되지 못한다. 더구나 '성인'이란 단어는 21세기 첨단 시대에 어울리지 않는 비유다. 따라서 '성인'이라는 말은 이미 우리의 기억 속에서 사라진 지 오래되었다.

그럼에도 오늘 나에게 군이 어떤 인물이 '성인인가?'라고 묻는다면 타인에게 모범이 되면서 올바른 삶의 길을 제시해주는 사람이라고 대답할 수 있다. 또한 남을 욕하거나 헐뜯지 않고 항상 겸손하며 남을 배려하고 존중해주는 이로서 만인에게 훌륭한 삶의 지표를 제공해주는 사람이라고 말할 것이다.

학교에서 아이들을 가르치는 선생님일 수도 있고, 소방관일 수도 있고 부모님일 수도 있으며 직장 상사일 수도 있다. 이처럼 자기 자리에서 최선을 다하면서 자신의 몸과 마음을 바르게 하여 주어진 일상을 열심히 살면 모두가 '성인'이다.

예로부터 우리가 '성인'이라고 부르는 인물들의 일생을 보면, 그가 왜 성인으로 추앙받아왔던가를 알 수 있다. 그들은 자신의 삶을 살지 않고 오직 남을 위한 삶을 살아왔으며 기꺼이 다른 사람을 위해 자신을 희생했다. 또한 자기 앞의 인연들을 존중하고, 동물을 사랑하며, 대자연의 이치를 수긍하면서 살아왔다. 이런 사람에게는 일시적으로 고난이 찾아오겠지만 오래가지 않고 이후에도 찾아오지 않는다.

붓다가 성인이 되려고 중생들을 설파한 것도 아니요, 예수가 백성을 구한 것도 '성인이 되려고 한 것이 아니다. 그들은 단지 어려움에 처한 사람들을 진리로써 제도하다 보니 남들로부터 성인으로 추앙을 받았던 것에 불과하다. 그래서 우리는 그들을 '성인'이라고 부르고 있는 것이다. 따라서 대자연의 이치를 모르고 역행하는 사람은 결코 성인이 될 수 없다.

덧붙이자면, 남을 욕하거나 비방하는 사람은 결코 좋은 사람이 아니다. 그들은 고집이 세고 자격지심이 매우 강하기 때문에 항상 자신이 최고라는 '아상(我相)'에만 젖어 있다. 이런 사람은 상대방을 존중하기는커녕 오히려 비난에만 몰두하기 때문에 피해야 한다. 그렇지 못하면 낭패를 볼 수가 있다.

한심하게도 요즘 정치인들을 보면 '시정잡배'와 다를 바가 없다. 그들은 매일 국민들을 위한다고 말하고 있지만, 오직 권력을 잡기 위한 표심에만 몰두하고 있기 때문에 국민들의 마음을 제대로 읽지 못한다. 이런 사람은 결코 '성인'이 될 수 없다.

따라서 내 자신이 누구인가를 똑바로 알고, 몸과 마음을 항상 바르게 하여 타인으로부터 존중받는 사람이 우리들의 진정한 '성인'인 것이다.

원수의 마음을 바꾸는 법

사람의 영혼은 맑지만
육신이라는 놈은 둔해서
상대방의 마음을 이해하고
사랑하는 데에는 시간이 좀 걸린다.

인생은 '업(業)의 고리'로 이어져 있다. '업'은 사람이 먹고 살기 위해 하는 심신 활동과 행위를 말하는데 '직업(職業)'에 '업'자가 붙은 것도 이 때문이다. 사람이 일을 하지 않으면 굶어죽는 것처럼 먹고 살기 위해서 누구나 직업을 가질 수밖에 없다.

문제는 '선업(善業)'을 행하는가? '악업(惡業)'을 행하는가에 있다. 남에게 선한 일을 하면서 업을 짓는 일은 '선업'이고 도둑질이나 사기를 쳐서 남에게 피해를 주면서 먹고 살면 '악업'이다. 사람은 이지적인 인격체라서 자신이 하고 있는 일이 '선업'인지 '악업'인지 분별할 줄 안다. 이것도 모르면 한갓 짐승에 지나지 않는다.

좋은 인연은 '선업'의 결과로 나타나지만 내가 상대에게 잘못하거나 상대가 나에게 잘못하면 '악업'의 결과로 나타나서 '원수지간'이 된다. 상호 간의 좋지 못한 업의 충돌로 인해 나쁜 기류가 흐르게 되고 기운이 탁해져서 좋지 못한 인연으로 이어지게 되는 것이다.

사람이 '원수지간'이 되는 건, 남의 탓이 아니라 그 원인은 바로 나에게 있다. 그런데 어떤가. 사람들은 잘못되기만 하면 무조건 남의 탓만 한다. 어찌 보면 도둑맞는 것도 문단속을 잘하지 못해서 생기는 일이고, 사기를 당한 것도 자기 욕심 때문인데 사람들은 자신의 잘못은 모르고 오직 도둑과 사기꾼 탓만 한다. 이 모든 것은 자신이 지은 업의 결과이다.

그러나 원수를 사랑하게 되면, 왜 원수지간이 되었는지에 대한 원인을 알게 되고 원수를 이해하게 되어 전생부터 이어온 업의 고리를 단번에 끊어낼 수 있다. 그로 인해 발생했던 탁한 기운이 사라져서 마침내 좋은 기운이 몰려오게 된다.

이렇게 되면 원수도 서로 사랑할 수밖에 없다. 즉, 원수가 된 원리를 제대로 깨우치게 되면 그때부터는 도둑이나 사기꾼이 주위에 근접조차 못 한다.

지금 우리가 살고 있는 세상은 3차원이다. 이곳은 늘 탁한 기운과 좋은 기운이 공존하지만, 원수를 자꾸 미워하게 되면 나쁜 기운이 자신에게로 몰려와서 더욱더 나쁜 일만 생길 수밖에 없다. 그러므로 남을 미워하는 마음을 되도록이면 버려야 한다.

가정에서도 마찬가지이다. 남편이나 아내, 시어머니, 시누이를 자꾸 미워하는 등 고부간의 갈등이 깊어지면 그 집안이 콩가루가 되는 것도 모두 이 때문이다. 그런 가정에서는 병도 전염병처럼 들끓게 된다.

불교에서는 몸과 입과 생각으로 짓는 업을 '신구의(身口意) 삼업(三業)'이라고 한다. 그중에서도 특히 사람이 조심해야 할 것은 입으로 짓는 '구업(口業)'이다. 오죽하면 법구경에서는 '입 안에 도끼가 있다.'고 하겠는가. 평소에 아무리 잘하더라도 입 한 번 잘못 사용하면 그것으로 인해 평생 원수가 되는 걸 그동안 많이 보아 왔다.

사람이 원수가 되는 것도 다 전생에 지은 업의 과보에 따른 것이지만 희한하게도 업은 대자연의 법칙에 의해 움직일 뿐, 그 실체가 전혀 없기 때문에 어느 날 갑자기 나타난다. 그래서 '악업'이 더 무섭다는 것이다. 길을 가다가 '묻지 마 살인'이나 교통사고를 당하는 것도 이런 '악업' 때문이다. 이러한 업의 원리를 깨치면 사람은 원수를 사랑할 수밖에 없다. 그래서 원한을 사지 말라고 하는 것이다.

특히 원수지간이던 부부가 이러한 업의 원리를 깨치고 나면 어떻게 될까? 그때부터는 평생 남편은 아내를 위해, 아내는 남편을 위해 산다. 진실로 '당신은 내 인생의 전부요. 나는 당신 인생의 전부'가 되는 것이다. 사이가 좋지 않았던 고부지간도 좋아지게 되고 며느리와 시누이도 바뀌게 된다. 이렇듯 원수를 사랑하게 되면, 상대방도 나를 위해서 살게 된다.

그렇다고 단번에 '원수지간'이던 사람이 빨리 가까워지기를 원해서는 안 된다. 서로의 마음을 이해하고 조금씩 다가가게 되면 어느 날 갑자기 화해가 되고 나중에는 평생 동반자가 될 수 있는 사이가 바로 '원수지간'이다.

국가 간의 이해관계도 그렇다. 한국과 일본의 관계를 살펴보면 과거에는 '원수지간'이었지만 지금은 서로가 협력하시 못하면 발전하지 못하는 것처럼 가정도 그렇다는 말이다.

원래 사람의 영혼은 맑지만 육신이라는 놈은 둔해서 상대방의 마음을 이해하고 사랑하는 데에는 시간이 좀 걸린다. 그래서 원수를 사랑하려면 먼저 이해관계를 떠나서 무조건적으로 사랑해야 한다. 설령 남편과 아내가, 시어머니와 며느리가 서로 못마땅한 점이 있더라도 조건 없이 이해하고 사랑하는 것이 좋다.

한결같은 마음으로 대하다 보면 상대방의 마음도 점점 열리게 된다. 상대방이 돌아오는 데 만약 100일이 걸린다면 적어도 30일은 무조건 이해하고 사랑하는 마음으로 대하면 그때부터 상대방의 마음이 움직이기 시작하고 70일 후면 틀림없이 상대방도 나를 사랑하게 된다. 이것이 바로 '원수지간'이던 사람의 마음을 바꾸는 대자연의 3대 7 법칙이다.

지혜를 증득하라

봄이 가면 여름이 오고,

가을이 가면 겨울이 오고,

꽃이 지면 진 자리에서 열매가 맺힌다.

세상에는 나와 연관되는 세 종류의 사람이 있다. 나와 경쟁하는 사람, 나를 이끌어주고 도와주는 사람, 내가 도움을 줄 사람이다. 그런데 처음 만나본 사람이 나와 함께 가려는 사람인가? 아니면 나를 배신할 사람인가? 이것을 제대로 판단할 수 있는 '지혜'가 있다는 건 매우 큰 장점이다.

대다수는 '지혜(智慧)'와 '지식(知識)'을 많이 혼동한다. '지혜'는 사물의 '도리(道理)'를 알고 '선악(善惡)'을 분별하는 마음의 작용을 뜻하지만 '지식'은 세상의 일과 책을 통해 증득되어진 알음알이이다.

물론, '지식'에는 인간의 사상도 포함되지만 문제는 '지식'만으로는 '지혜'가 증득되지 않고 상호보완 관계에 있다는 것이다. '지식'을 많이 증득하면 자연스럽게 '지혜'가 생기기도 하지만 꼭 절대적인 것은 아니다. 일자무식도 얼마든지 세상이 놀랄 만한 지혜를 지니고 있는 경우도 많다.

대표적인 인물이 바로 중국의 육조 혜능선사와 한국의 혜월 스님이다. 육조 혜능은 나무꾼으로서 조계산에서 나무를 하다가 금강경의 사구게인 '응무소주이생기심(應無所住而生其心:머무는 바 없이 마음을 내어라)'을 듣고 깨달음을 얻어서 중국 선불교의 중흥을 이끈 선사이다.

혜월 스님은 낫 놓고 기역자도 몰랐지만 지혜를 바탕으로 한 셈법은 놀랄 만큼 정확했다. 일제 때 사찰들은 부근에 땅을 많이 소유하고 있었다. 스님은 문중(門衆)의 거센 반대를 물리치고 농사가 잘 되는 옥토(沃土)를 팔아서 그 돈으로 황무지를 사 생활이 어려운 소작인들에게 개간하도록 시켰다. 스님은 옥토는 팔아도 어차피 우리나라 땅이니 황무지를 개간하면 그만큼 농사지을 땅이 많이 생긴다는 계산이었다. 정말 대의적(大義的) 발상이었다.

이처럼 '지식'은 공부를 통해서 얼마든지 구해지지만, '지혜'는 인간 존재의 궁극적인 목적에 부합되는 것이므로 단지 노력만으로 증득되지 않는다는 것이다. 왜냐하면 '지혜'는 자신이 알고 있는 '지식'을 통괄함은 물론 마음에서 흘러나오는 뛰어난 '감각작용'이므로 '지식'보다는 상위 개념의 '정신작용'이라 할 수 있다.

그럼 어떻게 해야만 우리는 지혜를 바르게 증득할 수 있을까? 이해를 돕기 위해 나의 '수행담(修行談)'을 잠시 이야기해줄까 한다. 내가 그동안 수행을 통해 지혜를 증득했던 경험을 들려주면 훨씬 더 이해가 쉬울 것이라는 생각이 들기 때문이다.

나는 네 살 때부터 고아원에서 자라 초등학교 졸업장이 전부이다. 당시 나를 괴롭히는 고아원 형들에 대한 복수심으로 나는 초등학교 2학년 때부터 낮에는 신문을 팔고 저녁에는 찹쌀떡과 김밥을 역전과 포구에서 팔며 태권도를 배웠다. 그리고 마침내 태권도 공인 4단을 따고 관장님의 눈에 띄어서 20대 초반에 체육관장이 되었고 이후 4개의 체육관을 직접 경영했다.

어느 날 욕심이 앞서, 어떤 정치인의 권유로 사업에 뛰어들었다가 한순간에 모든 것을 잃었다. 나는 아무도 몰래 죽기 위해 경남의 신불산으로 들어갔다. 하지만 죽는 것도 말처럼 쉽지 않았다. 그곳에서 뜻하지 않은 인연을 만나 "죽더라도 100일 후에 죽으라."는 말을 믿고 죽음을 미루다가 신불산에 주저앉았다.

신불산을 돌아다니면서 등산객이 버린 쓰레기를 줍고 묵언수행을 하다가 굿하고 남긴 음식을 먹으면서 목숨을 연명했다. 그러던 어느 날 갑자기 한 줄기 붉은 빛이 내 뇌리에 꽂히는 신비한 현상을 경험하게 되었다.

그때 나는 신불산을 향해 문득 '일성(一聲)'을 날렸다.

"천지 아래 무엇이든지 알고 싶은 것은 나에게 물으라. 그러면 대답해 줄 것이다."

일자무식에 불과했던 나에게 대자연의 에너지가 내 몸속에 강하게 솟구치는 걸 느꼈다. 그것은 하나의 경이였고 결코 무너지지 않는 단단한 '은산철벽(銀山鐵壁)'과도 같았다. 지식과 경험으로는 도저히 건져낼 수 없는 '환희'였다.

그토록 세상을 향해 분노했던 나에게 찾아온 대자연의 환희는 도무지 말로는 표현할 수 없는 깨달음이었다. 그때 나는 비로소 알았다. 이 지구가 혼돈인 것 같지만 대자연의 법칙에 의해 한 치의 오차도 없이, 쉼없이 순환하고 있다는 걸 깨달았던 것이다. 그리고 나에게 비로소 지혜가 열렸다.

봄이 가면 여름이 오고, 가을이 가면 겨울이 오고, 또한 꽃이 지면 진 자리에서 열매가 맺힌다. 이러한 '대자연의 순리'를 수긍하는 것이 바로 지혜요, 정법(正法)임을 알았던 것이다.

선악은 늘 서로 충돌한다

선악은 늘 서로 충돌한다
선을 추구하면 악이 생겨나고
악이 생기면 선이 반드시 나타난다
고로 엄밀히 말하면 선악은 없다.

세상은 선악(善惡)으로 양분되어 있고 이것들은 서로 충돌한다.
선의 입장에서 보면 악이고, 악의 입장에서 보면 선이다. 그것은
오직 주관적인 판단에 기인한다. 그럼에도 불구하고 사회적인
관점에서 누가 봐도 선악이 분명한 것이 있다. 그럼, 사람들이
선악을 판단하는 그 기준은 뭘까?
내가 예를 하나 들어보겠다.

만약 어떤 사람이 길을 가다가 100만 원이 든 봉투를 주웠다. 겉에는 아무런 이름도 없고 연락처도 적혀 있지 않았다. 이 사람은 고민하다가 신고를 하지 않고 어느 사회복지재단에 기부했다. 그런데 어느 날 경찰이 찾아왔다. 돈을 주웠던 장면이 CCTV에 찍혔던 것이다. 그는 점유물을 무단 사용한 죄로 법정에 설 위기에 빠졌다. 과연 그는 어떤 벌을 받게 될까?

사실, 돈을 주운 사람은 개인적으로 쓰지 않고 사회복지재단에 기부했다. 그는 주운 돈으로 선한 일을 한 것이다. 하지만 검사는 범법행위로 간주하고 기소하려고 했다. 하지만 돈을 잃어버린 사람은 돌려받는 조건으로 더 이상 문제를 삼지 않았다. 물론, 개인적으로 쓰지 않고 이를 사회단체에 기부한 것이 정상참작이 되었던 것이다. 이런 일이 실제로 외국에서 일어났다고 한다.

당신의 판단은 어떤가? 돈을 주워서 썼다는 행위는 악이지만, 그 돈을 사회단체에 기부했다는 측면에서 보면 분명히 선이다. 하지만 법은 범죄 행위로 보고 있다. 왜냐하면 주운 돈을 신고하지 않고 자기 마음대로 썼기 때문이다. 이것이 바로 사회법으로 본 판단이다.

하지만 내 생각은 다르다. 돈을 주워서 쓴 사람의 죄가 물론 더 크지만 돈을 잃어버린 사람의 죄도 있다는 것이다. 그가 돈을 잃어버리지 않았다면 주운 사람이 피해를 보지 않았을 것이라는 이야기이다. 이렇듯 선과 악은 자신도 모르게 누구나 지을 수 있다.

이처럼 우리는 자신의 의사와는 다르게 선악을 경험하게 된다.

따라서 우리 사회가 좀 더 청정(淸淨)해지려면 사회의 구성원인 개개인이 더 성숙해야 한다. 자존감이 높은 사람은 남의 물건을 탐하거나 뇌물을 받거나 자기 것이 아닌 것에 대해서는 관심조차 가지지 않고 청렴하다. 이런 사람은 항상 자기 위치를 잘 알며 자기 자리를 지킨다. 그런데 앉은 자리에서 양심의 가책을 자주 느끼는 사람은 자신의 일에 충실하지 못하다. 이것은 자신이 앉은 자리에서 드디어 물러날 때가 되었다는 뜻이다. 스스로 물러나지 않으면 그 자리를 누군가에게 뺏길 수도 있다. 사람은 머물 때와 물러날 때를 잘 알아야 한다. 이건 무얼 말하는 것일까? 항상 자기 자리를 잘 살피라는 말이다.

지금껏 나는 도둑놈이나 사기꾼을 나쁘다고 생각하지 않았다. 물론, 나쁜 것은 사실이다. 그러나 도둑놈이 나타나도록 만들어 놓은 환경이 더 나쁘다. 열 번 도둑맞으면 그 열 번의 환경을 만든 우리 사회가 더 큰 문제라는 것이다. 만약 도둑이 양심에 걸려서 도둑질을 멈추면 사회가 바르게 변했다는 뜻이다. 그런데 도둑놈이 도둑질을 했는데도 양심의 가책을 전혀 느끼지 않는다면 이미 썩은 사회이다.

가끔 캄보디아와 같은 동남아시아를 가보면, 그곳의 경찰들은 양심의 가책도 없이 뇌물을 스스럼없이 받는다. 아마 이런 경험을 그대들도 했을 것이다. 그런 나라는 이미 안으로 곪아서 썩어 있다. 경찰이 뇌물을 받아먹거나 도둑놈이 물건을 훔치고, 사기꾼이 사기를 쳐도 양심의 가책이 없는 사회는 이미 죽은 사회이다.

이렇듯 선악은 늘 서로 충돌한다. 선을 추구하면 악이 생겨나고 악이 생기면 선이 나타난다. 고로 엄밀히 말하면 선악은 없다. 왜냐하면 선과 악은 바라보는 사람의 관점에 따라 달라지기 때문이다. 이 또한 자연의 이치다.

회사의 중견 직책도 그렇다. '과연 이 자리가 내가 있을 곳인가?' 하고 양심의 가책을 느끼는 간부가 있다면 그는 이미 그 자리에 있을 사람이 아니다. 그때는 빨리 자리에서 물러나는 것이 그 회사를 위한 것이다. 그래야만 그 자리에 맞는 사람이 들어가서 일할 기회가 생긴다. 자신의 자리에서 양심의 가책을 받지 않기 위해서는 더 열심히 일을 하면 된다. 자신의 본분을 다하라는 뜻이다.

정치와 교육도 마찬가지이다. 인재는 순환되어야 한다. 이것이 대자연의 이치이다. 다시 말하면, 도둑과 사기꾼을 나쁘다고 질책하는 것보다 더 중요한 것은 왜 도둑과 사기꾼이 나타나는지 그 이유를 깨닫는 것이 급선무이다. 그러므로 도둑과 사기꾼을 나쁘다고 해서는 안 된다. 자꾸 벌을 주면 '얼씨구'하고 더 늘어난다. 그런 놈들이 생겨나지 않도록 이 사회를 깨끗하고 맑게 하는 것이 사람의 몫이다. 안타깝게도 열심히 일하는 사람보다는 오히려 그렇지 않은 사람이 더 잘살고 있다.

경쟁사회에서는 살아남는 사람이 최고이다. 서로 이권을 주고 받는 사회이기 때문에 그 대가를 받는 것은 당연하다. 그러기 위해서는 실력을 닦을 수밖에 없다. 이것이 정당한 사회이다. 그리하여 자신의 분야에서 누구도 넘볼 수 없는 일인자가 될 수 있도록 노력하면 된다. 그때는 누가 뇌물을 준다고 하더라도 당당하게 거절할 수 있는 힘이 있다.

만약 당신이 누군가로부터 리베이트를 받다가 어느 순간 양심의 가책을 느꼈다면 변화의 시점이 온 것이다. 즉 마음과 환경에 큰 변화가 왔다는 신호이며 그 변화는 분명히 얼마 지나지 않아서 다가올 것이다. 그때가 되면 오히려 곤경에 빠질 수도 있다. 만약 양심의 가책을 느낀다면 스스로 물러나거나 아니면 더 열심히 일해서 그만큼의 가치를 생산하는 것이 좋다. 그렇지 않고 리베이트를 받고 양심의 가책을 느꼈을 때는 떠날 때가 되었다는 것이므로 과감히 손을 놓고 떠나는 것이 좋다. 아니면, 그 자리에서 최선을 다하라.

특히 오늘날 정치인들은 내 말을 더욱 귀담아들어야 한다.

공사(公私)를 잘 구분하는 사람을
리더로 뽑아라

공인은 자기 자리에서 도덕성을 가지고

주어진 일에 최선을 다하고

항상 타인의 귀감이 되는 사람이다.

우리가 세상을 살아가면서 가장 중요하게 생각해야 할 일은 '공사(公私)' 구분을 잘하는 것이다. 사람이 '공적(公的)'인 것과 '사적(私的)'인 것을 구분하지 못하면, 성장에 걸림돌이 되거니와 나중에 큰 문제가 생길 수도 있다. 특히 공과 사에 대한 구분은 공무원이나 교육자, 정치인과 기업인 등 높은 자리에 있는 사람일수록 반드시 지니고 있어야 할 도덕적 개념이다. 다변화된 사회일수록 '공사'를 제대로 구분하지 못하고 공적인 일을 사적인 것으로 이용하여 패가망신하는 것을 우리는 심심찮게 본다.

그럼 무엇이 '공적'인 것이고 '사적'인 것일까? 사실 '공사'를 구분하는 것이 쉬운 것 같아도 명확히 가리는 일은 매우 힘들다. 왜 그럴까? 예를 하나 들어보자.

30년 지기인 두 친구가 있었다. 그들은 은퇴 이후 의기투합하여 그동안 힘들게 모아둔 돈과 퇴직금으로 음식점을 동업했다. 그럭저럭 잘 되었지만, 어느 날 갑자기 한 친구가 돈이 급히 필요해서 가게를 담보로 사전협의도 없이 개인적으로 사채를 빌려서 써버렸다. 그로 인해 가게는 심각한 타격을 입게 되고 사채 빚에 시달리다가 결국 남의 손에 넘어가게 되었다. 고심 끝에 친구는 자신의 인감을 위조하여 사채를 빌려 쓴 30년 지기이자 동업자를 고소해 결국 법의 심판을 받게 했다. 우정을 배반한 대가는 매우 컸다.

누가 잘못한 것일까? 당연히 사전협의도 없이 공동의 자산인 가게를 담보로 사채를 빌려 쓴 친구이다. 엄연히 두 사람은 공적인 '동업 관계'인데도 불구하고 한 친구가 '사적'으로 사채를 빌리는 데 이용한 것이므로 명백한 범죄다. 아무리 친한 친구 사이라고 하더라도 엄연히 지켜야 할 룰이 있다. 이렇듯 친한 친구 사이에도 공적인 일과 사적인 일이 있다는 것이다. 하물며 조직이 큰 기업이나 공무원, 관공서 등은 어떻겠는가? 모든 사람이 공적인 일을 개인의 이익을 위해 사적으로 이용하게 되면, 부정부패가 만연한 사회가 될 수밖에 없다.

　일반적으로 사적인 일에 집착하는 사람은 '자존심'이 매우 강하다. 그런 사람은 지나치게 자기 자신을 합리화하려고 한다. 그러다보면 직장동료나 친구 간의 갈등이 깊어지고 불화의 원인이 된다. 그런 사람에게 공적인 일을 맡기는 것 자체가 위험하다. 이와 달리 공적인 사람은 어떤 일을 할 때도 고집을 부리지 않고, 항상 합리적인 의견을 도출한다. 공사가 분명하기 때문에 철저하게 사적인 부분을 배제한다. 그렇지 않고 공적인 일을 사적인 일로 앞세워서 개인의 이익을 취한다면 리더로서 적합하지 않을 뿐더러 일을 올바르게 처리할 수도 없다.

　우리 사회에는 '공인(公人)'들이 많다. 공인은 '공적인 일에 종사하는 사람'으로, '국가나 사회에 관계되는 일을 하는 사람'이다. 요즘에는 공인의 개념도 많이 포괄적으로 변해서 연예인이나 스포츠인 등 유명인을 공인으로 칭하기도 한다. 그런 점에서 보면 정치인, 연예인, 교수, 이런 분들은 모두 공인이라 할 수 있다.

　하지만 그들은 단지 공인의 자리에 있는 것에 불과할 뿐, 엄밀히 말하면 그들이 공인은 아니다. 진정한 공인은 정치인, 연예인, 교수 등이 자신의 자리에서 대중들의 귀감이 되는 좋은 일을 하여 존중받는 인물이다. 그러므로 진정한 공인으로서의 대우를 받으려면 그에 합당한 처신을 해야 한다.

　그러나 이 사회의 공인들은 과연 그럴까? 얼마 전만 해도 유명한 연극인이 '미투'로 인해 구속되고, 노벨문학상 후보자까지 오른 저명한 문인이 평생 일구어온 명성을 하루아침에 잃었다. 연예인 출신 교수가 스스로 목숨을 끊는 일련의 사태들이 연속적으로 발생했다. 원인은 공인으로서 지켜야 할 도덕성을 잊었기 때문이다. 따라서 공인은 자신의 논리를 고집부리면서 남에게 주입시키려고 해서도 안 되며, 만인이 이해할 수 있는 행동을 해야 하고, 만인에게 득이 되는 행동을 해야 한다. 그렇지 못하고 내 것이나 가족, 심지어 종교나 학연과 지연을 따져서 일을 한다면 그런 사람은 이미 공인이 아니기 때문에 당연히 그 자리에서 물러나야 한다.

내가 이런 이야기를 하면 사람들은 이렇게 반문한다.

"선생님, 그런 관점으로 보면 이 세상에는 공인이 한 사람도 없겠네요."

그런 이야기를 들으면 나는 이렇게 대답한다.

"단 한 명도 없을 수도 있고, 엄청나게 많을 수도 있습니다."

"선생님. 어째서 그렇습니까? 공인은 존재하지 않는다는 말씀입니까?"

"진정한 공인은 인류를 바른 길로 인도할 수 있는 '성인(聖人)'입니다. 과거에는 붓다와 예수, 공자와 소크라테스 등이 있었지만 현대에는 아직 타의 귀감이 되는 공인이 없다는 이야기입니다."

"그럼, 엄청나게 많을 수도 있다는 말씀은 무슨 뜻이지요?"

"역설적인 의미이지만 자칭 공인이 많다는 얘기입니다. 이 땅의 정치인들이 대표적입니다. 그들은 마치 이 세상을 자기 것인 양 주무르고 있는데 그들은 권력에 눈이 먼 자들입니다. 그들이 진정한 공인이 되려면 항상 국민의 어려움을 헤아리고 바른 정책을 펴야 하는데 권력에만 눈이 멀어 있기 때문에 그들은 공인이 아닙니다. 공인은 자기 자리에서 도덕성을 가지고 주어진 일에 최선을 다하고 항상 타인의 귀감이 되는 사람입니다. 비록 유명하지는 않지만 자신의 자리에서 최선을 다하고 있는 사람입니다. 어쩌면 우리 국민 모두가 공인입니다."

"그렇군요."

한번은 내가 이런 강의를 하자 많은 사람들이 호응하면서 고개를 끄덕거렸다. 지금 우리나라에는 자칭 공인들이 너무나 많다. 그런데 그들이 정작 공인이 무엇이며 어떻게 공인으로 살아야 하는 지를 제대로 인식하지 못하고 있다는 것이 큰 문제다. 그래서인지 오늘날 한국에는 진정한 공인이 없다. 전 세계도 마찬가지이다. 다만, 우리는 선천시대(先天時代)의 공인이었던 붓다, 예수, 공자, 소크라테스가 전해주었던 진리를 그대로 인용할 뿐이다. 이제는 그들로부터 벗어나 '후천시대(後天時代)'를 진정으로 움직일 진짜 공인을 만나야 할 신 패러다임 시대에 살고 있다는 것이다.

과거의 '선천시대'는 지금의 '후천시대'를 준비하는 한 과정일 뿐이다. 인류가 오늘날 눈부시게 발전해 온 것도 조상들로부터 올바른 삶의 정보들을 물려받아서 이것을 토대로 발전시켜 왔기 때문이다.

그럼 앞으로도 인류는 계속 발전할 수 있을까? 이 문제에 직면하게 되면 심각해질 수밖에 없다. 현대 사회는 눈부신 과학 발전은 이루어냈으나 정작 인간 내면의 문제, 본성의 문제는 뒷걸음질하고 있다. 과학과 물질문명의 발전으로 인해 인간이 가진 선함이 점점 타락하고 있는 것이다. 그 대표적인 것이 핵과 마약이다. 핵은 인류를 단 한순간에 멸망시킬 수 있을 정도로 위협적이며 마약은 인간을 서서히 파멸로 이끌고 있다.

이 두 가지는 서로 깊은 관계가 있다. 계속 방치한다면 인류는 결국 멸망의 길로 갈 수밖에 없다. 따라서 오늘날 같은 '후천시대'에는 이러한 문제를 단번에 없애고 인간성을 회복시킬 수 있는 현자(賢者)가 하루빨리 나타나야 하지만 아무리 둘러봐도 눈에 보이지 않는다.

인간성이 회복되려면 그 첫 번째 걸음이 바로 공사를 구분하는 것이다. 인간이 지니고 있는 원초적인 욕심을 지우고 인류를 다 함께 행복으로 나아가게 하는 지름길이다. 개인이 사욕을 위해 공적인 것을 생각하지 않고 함부로 마음을 쓴다면 그 자체가 인류를 파멸로 이끄는 지름길이라는 것이다.

만약 핵을 가지고 있는 김정은이 정권 유지를 위해 갑자기 정신이 돌아서 핵을 쏘아버린다면 어떤 결과가 빚어질까? 우리나라는 물론, 전 세계가 핵전쟁에 빠져버릴 것이다. 여기에서 우리가 김정은에게 요구하는 것은 북한 사람들의 생명과 인류를 사랑하는 공인정신이다. 때문에 공인정신은 인류의 정신이라 할 수 있다. 그에 대한 출발이 바로 공사를 잘 구분하는 것이다. 특히 나라를 움직이는 정치인은 철저한 공인정신을 가져야 한다.

성공한 사람과 가까워지는 방법

성공한 사람은 '자기 버림'이 습관처럼 배어 있다

그렇다고 자기방어가 약한 사람이 아니다

강한 내면을 가지고 있으면서도

상대방을 배려하고자 하는 마음을 지니고 있다.

　대개 사람들은 자신의 지갑 속에 든 돈을 자신의 것이라고 착각하겠지만 그건 잠시 보관해 둔 것에 지나지 않는다. 자신이 쓸 수도 없는 돈을 가지고 부자라고 행세하면 그는 진짜 부자가 아니다. 돈은 쓰기 위해 존재한다. 진짜 부자는 마음도 넉넉하면서 남을 위해 돈을 쓰는 사람이다.

　'돈을 모을 때는 구두쇠가 되고 쓸 때는 정승처럼 써라.'는 속담이 있다. 제대로 돈을 써야만 정승이 된다는 의미이다. 또한 누군가를 도왔을 땐 '그를 위해 어떤 대가를 구하지는 않았는가?'를 깊이 생각해야 한다.

돈으로 얻은 관계는 돈이 없으면 사이가 멀어지거나 뒤통수를 맞을 수도 있다. 상대방의 환심을 사기 위해 쓴 돈은 관계 유지에는 도움이 될지 몰라도 오래가지 못한다. 이게 돈의 생리다.

사람을 사귀는 방법은 취미가 같아도 얼마든지 사귈 수가 있다. 자신에게 뭔가를 배우려고 오는 사람에게 호감을 더 많이 갖거나 친밀감을 느낀다는 통계도 있다.

모르는 것이 있으면 가까이 가서 물어보는 것도 그 사람과 가까워지는 비결이다.

선생님과 학생의 관계도 그렇다. 선생님은 하나라도 더 질문하는 학생에게 눈길을 한 번 더 준다. 또한 누군가에게 배움을 받았으면 그에 대한 감사의 표시로 선물을 주는 것도 좋은 방법이다. 선물은 마음이기 때문에 가격이 중요하지 않다.

그리고 도움을 주거나 받을 때는 돈을 매개로 해서는 절대로 안 된다. 돈에는 탐욕이라는 사악한 기운이 들어 있기 때문에 돈으로 사람을 사귀어서는 안 된다. 그런 만남은 반드시 돈 문제로 헤어질 수밖에 없다.

내가 누군가를 사귄다는 건 그 사람의 내면의 세계로 깊이 들어간다는 뜻이고 그러기 위해선 어떤 연결고리가 필요하다. 그것은 취미일 수도 있고, 사업일 수도 있고, 마음일 수도 있고, 돈일 수도 있다. 이렇듯 사람 관계에는 공통분모가 형성되어야만 한다.

사람은 누구나 처음에는 호감을 가지다가 서로의 생각과 성격을 알고 난 뒤에는, 소원해질 수도 있고 더 좋아질 수도 있다. 이럴 때 가장 필요한 것이 바로 '자기 버림'이다. '자기 버림'이라는 말을 잘못 알아듣게 되면 비굴해지거나 자신감이 없다는 소리로 들릴 수도 있다. 하지만 그게 아니다. 자신의 주장이나 견해에 대해 집착하지 말고 상대방 내면의 소리에 귀를 기울여서 경청하라는 뜻이다. 이것이 상대방을 내 사람으로 만드는 가장 큰 비결이다.

남의 말을 경청한다는 건 그 사람에 대해서 신뢰를 하고 있다는 얘기이다. 경청이 왜 중요한가를 통계학적으로 살펴보자.

두 사람이 앉아서 대화를 할 때 서로가 상대방의 말을 모두 경청할 확률은 겨우 30% 정도라고 한다. 그럼 나머지 대화들은 다 어디로 사라졌을까. 대개 대화를 나눌 때 사람의 시선은 상대방에게 향하고 있지만 나머지 70%는 딴생각을 하고 있다가 다 흘려버린다고 한다. 당신도 그렇지 않은가. 주위가 산만한 사람일수록 더 그렇다는 것이다. 하지만 상대방이 한 말의 경청률이 70%를 넘으면 상호 진지한 대화를 했다는 뜻이다.

그리고 세 사람 이상이 모였을 때 상대방의 대화를 모두 경청할 확률은 겨우 10%도 되지 않는다. 대화 중에도 사람의 뇌는 대화에 집중하지 않고 자신의 일에 빠져 있거나 다른 데에 가 있다는 것이다. 이건 무얼 말하는가? 이 사회가 이기주의적이라는 말이다. 이런 사람과의 만남은 되도록 피해야 한다.

주위를 살펴보면 많은 인맥을 가진 사람들을 볼 수 있다. 그들을 유심히 살펴보면 약속을 아주 잘 지키거나 예의가 바르다. 성공한 사람은 '자기 버림'이 습관처럼 배어 있다. 그렇다고 자기방어가 약한 사람이 아니다. 강한 내면을 가지고 있으면서도 상대방을 배려하고자 하는 마음을 지니고 있기 때문에 항상 그의 주변에는 좋은 인연들이 넘쳐난다.

당신은 '자기 버림'을 얼마나 실천하고 있는가. 자기를 버리면 타인의 가르침이 내게로 쏙쏙 들어온다. 이것이 좋은 사람과 가까워지는 최고의 비결이다.

당신은 '자존심'만 강한 사람인가
'자존감'이 있는 사람인가

'자존감'은 자기 가치에 대한 존엄성을
남이나 외부에서 찾는 게 아니라
자기수행을 통해 증득된
성숙한 '내적 에너지'이다.

아리스토텔레스와 로댕은 인간을 '사회적 동물, 생각하는 동물'
이라고 했고, 또 어떤 철학자들은 '감정의 동물, 언어를 사용하는
동물, 만물의 영장'이라고 표현했다. 이를 조합하면 결국 인간은
가치 있는 존재라는 의미이다.

인간은 '자존심'과 '자존감'을 통해 자기 존재에 대한 강한 집착
이나 이기심을 드러낸다. 하지만 둘의 의미는 상당한 차이가 있

다. '자존심'은 다른 말로 '줏대'라고 표현하기도 하는데 '자존심'이 강한 사람은 자기가 잘났다는 '아상(我相)'에 사로잡혀서 남의 말을 일방적으로 무시하거나 잘 받아들이지 못하는 성격을 가지고 있다.

이런 유형의 사람은 어떤 사안을 두고 좋다고 하다가 갑자기 돌변해서 나쁘다고 하는 등 항상 극과 극을 치닫는 성격이어서 도무지 종잡을 수가 없다. 대개 '자존심'이 강한 사람들의 공통점은 어느 정도 지식을 갖추고 있기 때문에 남에게 지는 것을 무척 싫어한다. 심지어 남들에게 인정받지 못할 때는 심한 우울증을 앓기도 한다.

만약 누군가가 "너는 자존심도 없어?"라고 한다면 이것은 자기 존재의 가치를 강하게 부정하는 꼴이 되기 때문에 어느 정도 '자존심'을 가지고 있는 것도 괜찮지만 너무 강하면 부러지기 쉽다. 반대로 '자존심'이 너무 없는 사람은 남 앞에 나서는 것을 부끄러워하고 귀가 얇아서 남의 말에 현혹되어 쉽게 마음이 흔들리는 등 열등감이 심하다. 따라서 '자존심'이 너무 강하거나 약한 것도 문제다.

예부터 한국인은 '자존심'이 매우 강한 민족이었다. 특히 나이 드신 어른들처럼 "감히, 내가 누구인데" 하고 자기주장만 펼치는 '똥고집'을 가진 사람이 의외로 많다. 몸속의 병도 겸손해야 빨리 낫는데 쓸데없는 고집 때문에 병을 더 키우는 격이다. 작은 것을 버려야 큰 것을 얻을 수 있듯이 작은 것에 연연하면 손에 쥔 것조차 잃게 하는 것이 바로 '자존심'이다.

이와 달리, '자존감'은 자기 수행을 통해 증득된 성숙한 '내적 에너지'로 자기 가치에 대한 존엄성을 남이나 외부에서 찾지 않는다. 다른 말로 '내공(內攻)이 있다.'라고 말하기도 한다. 이런 사람은 누가 좋지 않은 말을 해도 주관이 매우 뚜렷하기 때문에 쉽사리 마음이 흔들리지 않는다. 또한 집착과 고집이 없기 때문에 매사에 진중하다.

그리고 '자존감'이 있는 사람은 남의 견해와 자신의 견해를 비교하고 분석하여 합리적인 결론을 내린다. 주변 상황에 따라서 자기를 나타내야 할 때와 물러날 때를 스스로 판단하기 때문에 타인으로부터 증폭적인 신뢰를 받는다. 또한 강하면서도 부드러우며, 부드러우면서도 강하다. 그러므로 '자존감'은 '자존심'과는 근본적으로 큰 차이가 있다. 사회에서 성공하는 사람들은 대개 '자존감'을 지니고 있다.

그럼, '자존심'을 어떻게 조절해야만 '자존감'으로 바꿀 수 있을까? 하루아침에 '자존감'을 높일 방법은 없다. 꾸준히 지식을 쌓고 마음 수행을 실천하면 된다. 그렇다고 지식만 쌓게 되면 자신도 모르게 '아상'이 생길 수도 있기 때문에 이를 경계해야 한다.

그럼 마음 수행을 하려면 어떤 것이 좋을까? 좋은 스승을 만나서 유익한 가르침을 받거나 독서와 명상을 꾸준히 실천하면 된다. 이렇게 하면 내적 에너지가 몸속에 쌓여 '옳고 그름'을 스스로 판단할 수 있는 지혜를 지닌 '현자(賢者)'가 될 수 있다. 한번쯤 자신을 뒤돌아보라.

당신은 '자존심'만 강한 사람인가, '자존감'이 있는 사람인가?

사람의 팔자는
순식간에 바뀌지 않는다

차근차근 나아가는 것이

늦는 일 같지만

사실은 최고로 빠른 길이다.

　오늘날 정부는 힘들고 어려운 이들을 위해 많은 복지정책을 펴고 있다. 올해 국회 예산에서 책정된 국가운영자금이 무려 512조나 된다고 한다. 실로 엄청난 돈이다. 이것은 복지수급자가 기하급수적으로 늘어났기 때문인데 우리 사회가 건강하지 못한 곳으로 달려가고 있고 그만큼 소외계층이 많이 늘어났다는 증거이기도 하다. 그런데 이 엄청난 예산은 도대체 어디에 쓰이는 것일까? 계속 이대로 가다가는 우리 국민들 모두가 복지수급대상기로 전락할지도 모른다. 심각한 위기상황이다.

지금의 부모들은 한국 사회를 건강하게 발전시켜온 노동자들이다. 그런데 이들은 지금 퇴직자가 되어서 어떻게 노후를 살아야 할지 다들 심각한 고민에 빠져 있다. 그만큼 고생했으면 남은 인생은 행복하게 살아야 하는데 정작 행복과는 거리가 먼 세상 속을 살고 있다.

또한 자식들은 어떤가? 일자리를 구하지 못해서 헤매고 있다. 2019년 12월 기준으로 20~30대 고학력 실업자가 무려 70여만 명에 이른다고 한다. 그들은 교육을 충분히 받은 세대인데도 불구하고 직장을 구하지 못해 실의에 빠져 있다. 비단, 그들만의 문제가 아니라 그들을 키우고 공부시킨 부모들조차 망연자실하고 있다.

자식들이 일자리를 얻지 못하면 늙고 기력이 떨어진 부모들을 부양하지 못하게 되고, 그렇게 되면 어쩔 수 없이 노인들은 국가에 기댈 수밖에 없다. 국가 경제와 신인도를 망치는 악순환이 계속되고 있는 것이다. 부모는 평생 혼신을 다해 자식을 키우고 공부시켰는데 자식들이 제대로 된 일자리를 구하지 못하고 헤맨다면, 한국의 미래는 불을 보듯 뻔하다.

정부는 국민으로부터 걷은 막대한 세금을 쓰고 있는데 도대체 경제는 왜 이런 지경에 빠져들고 있는 것일까? 예산을 올바르게 쓰지 못하고 있기 때문은 아닐까? 지금 정부의 복지정책들은 경제의 큰 밑그림을 그리지 못한 임시방편에 불과하다. 국가도 바른 정책을 펴야 한다. 국민들이 힘들다고 무조건 퍼주는 복지정책을 펴서는 안 된다. 오히려 자라나는 새싹을 죽이는 결과를 낳을 수 있다. 어려운 사람들을 제대로 도울 수 있도록 그 기초를 만들어 주는 것이 바로 국가가 해야 할 일이다.

하나의 예를 들어보자. 안타깝게도 역 근처에 가보면 노숙자들이 많다. 아픈 기억이지만 1997년 한국에 IMF가 닥쳤을 때 기업들이 부도를 맞고 쓰러지고 많은 사람들이 거리로 내몰린 적이 있었다. 그로 인해 노숙자들도 많이 생겨났다. 문제는 20여 년이 지난 지금도 여전히 노숙자들이 많다는 것이다.

사실, 나의 견해로는 그들이 밥을 얻으러 오면 주지 않았으면 한다. 쌀이 아까운 것이 아니라 그들에게 자꾸 밥을 주게 되면 내일은 또 어디로 가서 끼니를 해결할 생각만 하게 된다. 밥을 얻어먹을 정도로 두 다리와 팔이 멀쩡하면 제 입에 풀칠할 일은 이 세상에 얼마든지 있다. 하기 싫고 게으르기 때문에 일을 안 하는 것뿐이다. 물론, 그렇지 않은 분들도 있겠지만 극소수이다.

그러니까 노숙자들에게 밥을 주지 말라는 것이다. 밥을 계속 주면 결코 노숙자 생활에서 벗어날 수가 없다. 한 끼의 밥이 당장의 배고픔을 해소할 수는 있지만 영원히 배고픔을 면하게 할 수는 없다. 그들이 하루빨리 노숙자 생활을 벗어나 회생할 수 있도록 이 사회가 도움을 줘야 한다. 따라서 그들을 위해 정부는 장기적인 대책을 강구해야 한다. 이것이 올바른 복지정책이다.

요즘 TV에 '인생역전'이라는 말이 연속적으로 나온다. 말이 쉽지 자신의 팔자를 역전시키기란 사실 힘들다. 인생에는 '일확천금'이라는 것이 없다. 일확천금을 얻으려면 복권에 당첨되거나 도둑질을 하거나 사기를 치는 일밖에 없다. 하지만 인생에는 반드시 대가가 따른다.

사람의 팔자는 순식간에 바뀌지 않는다. 시간과 노력을 들여서 차근차근 앞으로 나아가야 한다. 노숙자들에게도 그런 삶의 이치를 깨우치게 해야 한다. 노숙자들에게 삶을 재생하는 방법을 가르쳐야 한다는 것이다. 처음에는 배고픔을 면하기 위해 일을 하게 하고, 두 번째는 돈을 벌기 위해 일을 하게 하고, 세 번째는 셋방을 얻기 위해 일을 하게 하고, 다음에는 전세방을 구하기 위해 일을 차근차근 하다 보면 가족에게 돌아갈 수 있다는 희망을 가지도록 이 사회와 정부가 함께 노력해야 한다는 것이다.

사람은 기운을 스스로 만든다. 깡통 들고 밥을 얻어먹는 사람은 오직 밥을 얻어먹는 것이 그가 가진 최고의 기운이다. 왜냐하면 그의 인생은 오직 그 목적뿐이니까. 그러나 내가 열심히 일을 해서 얼마를 모으겠다는 목표가 있는 사람은 밥은 둘째 치고 더 큰 기운이 일어난다. 찢어지게 가난한 사람은 횡재도 오지 않는다. 그러니 가난도 때론 죄가 될 수 있다는 얘기다. 공부할 여건이 안 되는 사람은 먼저 그 여건을 스스로 만들어야 한다. 조물주가 그래서 인생을 어렵게 만들어 놓은 것이다.

돈이 10만 원 정도 필요해서 구해야 되는데 잘 안 구해지는 사람은 매일 돈 구하러 돌아다니면서 "이번에 잘되면 한 2,000만 원이 생긴다. 그리고 또 2억이 들어온다."고 하면서 돈을 구하러 다닌다. 그런다고 절대 구해지지 않는 것이 바로 돈이다. 이렇게 말하고 다니는 사람은 15년이 지나도 그 소리를 계속하고 다닌다.

10만 원이 필요한 사람은 그 10배인 100만 원대의 일을 해야 그 돈을 구할 수 있다. 또한 1,000만 원이 필요한 사람은 1억 원대의 일을 해야 그 돈을 구할 수 있는 것이다.

이처럼 대자연은 절대로 거저 돈을 주지 않는다. 이것이 자본주의의 원리이다. 다시 말해서 직장에서 일하는 사람은 그와 같은 마음으로 일해야만 성공할 수 있다. 어쩔 수 없다. 남의 돈을 내 것으로 만든다는 건 결코 쉬운 일이 아니다.

말하자면, 일당 10만 원짜리 일을 하는 사람은 100만 원짜리 일을 하는 게 맞다. 그런데 일당이 10만 원인 사람에게 일당을 100만 원 줄 테니 1,000만 원짜리 혹은 1억 원짜리 일을 하라고 한다면 과연 해낼 수 있을까? 결코 해내지 못할 것이다.

이게 무슨 소리일까? 사람은 누구나 자기 몸에 맞는 옷이 있다. 몸에 맞지도 않는 옷을 입으면 불편하듯이 사람의 일도 그렇다는 것이다.

누군가에게 일을 줄 때도 그 사람을 잘 보고 시켜야 한다. 그 일을 잘 해낼 수 있는 사람에게 주어야 한다는 것이다. 그래서 사람은 안목과 지혜가 있어야 한다. 그런데 과연 안목과 지혜가 한순간에 나올까? 결코 그렇지 않다. 세상은 간단하지 않다. 믿음과 신용은 하루아침에 쌓이는 것이 아니라 차근차근 쌓인다. 이것이 힘의 상승 원리이다.

일당 10만 원짜리 일을 열심히 하다 보면 관록과 믿음이 쌓이게 되고, 나중에는 일당 100만 원짜리 일을 하게 되는 것이다. 사회가 젊은이들을 이렇게 키워야만 경쟁력이 생긴다. 이 사회와 국가는 표를 얻기 위한 근시안적인 복지정책을 펴서는 안 된다.

차근차근 나아가는 것이 늦는 일 같지만 사실은 최고로 빠른 길이다.

삶은 배움의 연속이다

어려움에 처한 사람을 보면

"가엾다. 측은하다."고만 여기는 건

올바른 생각이 아니다

그걸 보고 느끼고 배워야 한다.

잠시 눈을 돌려보면, 이 세상에는 꽃과 나무와 새, 동물들에게서도 배울 것이 많다. 하지만 공부가 되어 있지 않은 사람은 '지식'과 '지혜'가 없어서 제대로 배우지 못한다.

그럼, 어떻게 공부해야만 '지식'과 '지혜'를 증득할 수 있을까. '지식'과 '지혜'는 별개로서 '지식'은 단순히 사물의 알음알이를 말하고, '지혜'는 사물의 이치를 깨달아서 합리적으로 처리하는 정신적인 능력이다. 그리고 '지혜'는 '지식'을 통해 증득되며 상호 간에 떨어질 수 없는 관계에 있기 때문에 '지식'만 쌓는다고 해서 '지혜'가 바로 증득되지는 않는다. 그러나 '지혜'를 얻게 되면 세상을 운용할 수 있는 힘을 갖게 되고, 그렇게 되면 저절로 명예와 부(富)를 얻게 된다.

현재 우리나라는 기성세대의 헌신적인 노력으로 세계 10위의 경제대국이 되었다. 하지만 이를 유지하지 못한다면 아무 소용이 없다. 지금 우리에게 절실하게 필요한 것은 함께 잘살 수 있는 나라로 이끌 수 있는 복지정책이다. 이것은 지금껏 우리가 경험하지 못한 올바른 세상을 위한 첫 발걸음이기도 하다.

모두가 함께 잘살 수 있는 국가를 만들기 위해서는 먼저 '지식'과 '지혜'를 갖춘 지성인들이 이기심을 버리고 이 사회에서 소외된 사람, 열심히 노력하는 사람들과 함께 즐겁게 사는 세상을 열어주어야 한다. 이것이 우리나라가 나아가야 할 '신 패러다임 복지정책'이다.

지금은 우리가 이제껏 알고 있던 복지의 개념을 새롭게 정립해야 할 때이다. 대부분은 복지사업을 봉사하러 가는 것이라고 생각한다.

한번은 강의를 듣는 분들에게 내가 이렇게 물었던 적이 있다.

"당신이 생각하는 봉사라는 건 어떤 의미입니까?"

"양로원이나 장애인들이 있는 복지 시설에 가서 거동하지 못하는 분들을 돕거나 양식과 연탄 등을 나누어주는 일이라고 생각합니다."

이런 말을 들으면 정말 난감하다. 이것은 봉사가 아니다. 이런 것을 봉사라고 생각하고서 행동을 계속하다 보니 이 나라에 복지수급자가 끊임없이 나오고, 나중에는 자신이 복지수급자가 되는 것이다.

그럼 봉사가 아니라면 우리는 무슨 이유로 어려운 사람들을 돕기 위해 그곳에 가는 것일까? 정답은 그들을 통해서 뭔가 배울 것이 있기 때문에 간다는 것이다. 달리 생각하면, 현재 내가 힘들기 때문에 그들을 돕고 그 속에서 삶이란 무엇인가를 깨닫기 위해 가는 것이다.

부자는 가난하고 힘든 사람의 심정을 잘 모른다. 아니 알려고도 하지 않는다. 그들이 하는 행동은 한갓 적선(積善)에 불과하다. 이것은 가진 자의 오만이다. 그러므로 봉사를 하러 가는 사람은 자신도 어렵지만 그들을 도우면서 그 속에서 삶의 깨달음을 얻는다고 생각해야 한다.

그들처럼 노후를 보내지 않겠다는 다짐을 해야 한다는 것이다. 불교의 보살처럼 착한 일만 하고 그 속에서 느끼는 것이 없다면 봉사할 필요가 없다. 봉사를 하면서도 봉사로만 끝내지 말고 무엇이든 그 속에서 배우라는 것이다.

우리는 자주 매스미디어와 뉴스를 통해서 어려운 사람들의 삶을 접한다. 그중에는 병든 사람의 이야기도 있고, 노숙자의 이야기도 있고, 사업에 실패한 사람들의 이야기도 있다. 그 속에서 우리가 배우고 있는 것은 과연 무엇일까? 단순히 그들을 측은하게만 생각한다면 그런 뉴스를 들을 가치조차 없다. 그들의 어려운 삶이 내 귀에 들린다면 지금 내 삶도 어느 정도 힘들다는 말이다. 어쩌면 그들처럼 나 또한 30%는 곤란을 겪고 있는지도 모른다. 이처럼 세상은 3대 7의 법칙으로 움직인다. 부유한 사람은 그들의 삶에 눈꼽만큼도 관심이 없다는 걸 알아야 한다.

하나의 예를 들어볼까? 지금 뉴스에서 암환자에 대한 정보가 흘러나온다. 그런데 몸이 불편한 사람은 그 정보를 눈여겨보겠지만, 건강한 사람은 아예 관심조차 없을 것이다. 왜 그럴까? 뉴스로 듣는 암에 대한 정보는 겨우 30%에 불과하지만 자신이 진짜 암환자가 되면 암에 관한 관심도가 최소 70% 이상이 된다. 이렇듯 사람은 자신과 직접 관계되는 일에 그 이상의 관심을 가지게 된다는 얘기이다. 이러한 법칙은 암이나 치매, 중풍 등 모든 병에 해당된다.

그러므로 지금부터 내가 하는 말을 잘 들어야 한다. 한 가지를 비유해서 풀어주지만 이 세상은 3대 7의 법칙에 의해 움직인다. 이 법칙은 모든 삶 속에 들어 있는데 세상의 모든 일은 간접적으로 들어올 때는 처음에는 30%만 다가온다. 그리고 자신의 관심도가 70%가 되기 전까지는 직접 그것에 대한 정보를 접하지 않아도 주위에서 그것에 관한 소식을 듣는다. 하지만 자신이 연관되는 것이 70%가 딱 넘어서게 되면, 그때부터 직접적으로 관심을 가지게 된다는 원리이다.

그러므로 내가 노인 시설이나 장애인들을 돕기 위해 가는 것은 단순한 봉사활동이 아니라 무엇인가를 배우기 위해 간다는 생각을 하라는 것이다. 세상의 모든 일은 자신과 관련이 없다고 생각하지만 사실은 밀접한 관계가 있다.

다만 우리는 이러한 법칙들이 간접적으로만 다가오기 때문에 그동안 등한시하고 피부로 느끼지 못했던 것뿐이다. 하지만 멀리하면 할수록 점점 확대되어 70%까지 오게 되고, 나중에는 결국 자신도 그러한 일을 겪게 된다는 원리이다. 또한 30%을 넘어서게 되면 결국 그 현장에 직접 가서 눈으로 보고 체험하게 된다. 이것이 우리가 어려운 사람을 돕고 봉사하는 이유이다.

내가 대자연의 3대 7 법칙을 거듭 강조하는 이유는 어려운 사람을 돕고 있으면서도 그곳에 가서 도와주고 왔다는 생각을 하게 되면 나중에 자신이 교통사고를 당해서 다리를 잃는다든지, 복지시설에 갈 일이 생긴다든지, 자식이 속을 썩인다든지, 여러 가지로 어려운 일이 생긴다는 얘기다. 그러므로 남을 도울 때는 돕는다는 생각을 버리고 자신도 그 일을 함으로써 무언가를 얻고 배운다는 마음가짐을 가져야 한다. 이렇게 생각하면 무슨 일이든지 성공할 수 있다.

사업도 마찬가지이다. 우리가 뉴스를 통해서 그 일에 대한 정보를 들을 때는 처음에는 30%의 관심만 보이지만, 옆 사람에게서 직접 듣게 되면 그에 대한 관심이 70%가 되고, 성공한 사람과 실패한 사람의 이야기를 직접 듣게 되면 결국 자신도 성공하거나 망할 확률이 100%가 된다는 뜻이다. 그러니까 망한 사람의 이야기보다 성공한 사람의 이야기를 자주 들어야 한다.

만약 모든 사람들이 이러한 대자연의 법칙을 깨치지 못한다면 우리 국민 모두 복지수급자가 될지도 모른다. 지금 우리는 힘든 시대를 살고 있다. 앞으로는 현장에 가서 무엇을 공부하고, 무엇을 깨닫고 와야 하는지 이런 것들을 명확하게 알아야 한다.

봉사를 갔다 오면 자신의 에너지가 좋아져야 하는데 어려움에 처한 사람을 보면 "가엾다. 측은하다."고만 여기는 건 올바른 생각이 아니다. 그걸 보고 느끼고 배워야 한다. 그래야만 기운도 좋아져서 이 다음에 자신에게 좋은 일이 생긴다. 이것이 진정한 '신 패러다임의 복지 사업'이다. 말하자면 복지수급자가 된 사람에게 그가 왜 이런 처지에 있는지 깨우칠 수 있도록 해줘야 한다는 것이다.

내 아이의 마음그릇을 키워라

직업에는 자기만족도가 가장 중요하다

자기가 좋아하는 일에

연관성이 있는 직업을 가지면

그만큼 일에 대한 의욕도 높아지고

부(富)도 저절로 따라온다.

　세상에는 환경미화원. 전기기사, 배관기사, 운전기사, 선생, 교수, 의사, 판검사 등 다양한 직업군이 있다. 만약 일주일만 환경미화원이 없다면 이 도시는 어떻게 될까? 아마 쓰레기로 넘쳐날 것이다. 전기와 상수도를 관리하는 전기기사와 배관기사가 없다면, 밤에 책조차 읽을 수 없고 세상은 금방 오물로 넘쳐날 것이다.

또한 열쇠를 잃어버리면 당장 열쇠 수리공이 필요하듯이 직업의 중요성을 일일이 열거하지 않아도 얼마나 소중한가를 알 수 있다. 그런데 어떤가. 우리는 하찮은 직업이라고 은연중에 차별하고 있지는 않은가? 직업에 따라 사람을 평가하는 건 잘못된 편견이다.

지금 우리 사회는 명문 대학이 곧 출세를 보장하는 것처럼 인식되어 똥인지 된장인지 모르고 부모들은 자녀들을 명문대에 입학시키기 위해 필사적으로 매달린다. 이것이 입시 비리의 원인이 되고 있다.

얼마 전, 대학입시 관련 책을 쓰고 있는 고등학교 3학년 진학 담당 선생님을 우연히 만난 적이 있다. 그는 이 분야에서 실력있는 선생님으로 꽤 알려져 있었다.

내가 그에게 질문을 던졌다.

"요즘, 아이들의 꿈은 무엇입니까?"

"오직 SKY에 입학하는 겁니다."

피가 끓는 우리나라 고등학생들의 꿈이 고작 SKY 진학이라는 대답에 나는 한마디로 기가 막혔다. 대학 진학은 미래의 꿈을 이루기 위한 하나의 발판에 불과한데 단지 SKY에 입학하는 것이 꿈이라는 게 가당찮다. 설령, 이런 학생들이 SKY에 입학한다고 하더라도, 앞으로 자기 공부를 제대로 할지 강한 의문이 들었다.

"그래요. 사회가 거꾸로 가고 있군요."

"거꾸로 가다니요."

그런데 선생님의 말씀은 더 가관이었다.

"어쩔 수 없어요. 옛날에는 개천에서 간혹 용이 났는데 지금은 아예 없어요. 어릴 때부터 스펙을 쌓아야 명문대에 갈 수 있습니다. 학력종합평가제로 대학에 진학하는 것은 시대의 요구사항입니다."

없는 집 자식은 자신이 원하는 대학교에 못 간다는 말로 들려서 무척이나 마음이 불편했다. 그러나 어쩌랴. 현역에서 가장 잘나가는 진학 담당 선생님이 '학력종합평가제'가 이 시대의 요구사항이라고 하니 말이다.

물론 이것이 나쁘다는 건 아니다. 문제는 이로 인해서 암암리에 '편법(便法)'이 자꾸 생겨나고 있기 때문이다. 어쨌든 지금 우리나라의 교육은 대학 진학 문제로 인해 심각하게 병들어가고 있는 것이 사실이다.

한국전쟁이 끝난 뒤, 1950년대 후반부터 1960년대 초반에 태어난 베이비붐 세대는 21세기의 중추적인 인물들이며 지식층이다. 그런데 이들의 자녀 교육열이 워낙 높아서 사회적으로 많은 문제를 발생시키고 있다.

한국 사회는 이제부터라도 변화하지 않으면 안 된다. 단지 좋은 직업을 가지기 위한 교육열에서 벗어나 자녀가 사회 속에서 가치 있는 일을 할 수 있는 교육환경을 만들도록 모두가 힘써야 한다.

이쯤에서, 당신에게 물어볼 것이 꼭 하나 있다. 당신은 어떤 직업이 가장 좋다고 생각하는가? 십중팔구는 판검사나 의사일 것이다. 만약 그렇다면 잘못된 생각이며 구시대적인 발상이다. 판검사가 돈도 잘 벌고 명예가 있는 직업이니 좋다는 생각을 할 수도 있겠지만 앞으로는 아니다.

직업에는 자기만족도가 가장 중요하다. 판검사나 의사가 되면 좋을 것 같지만 조사에 의하면, 자기만족도가 그리 높지 않다고 한다. 왜냐하면 그에 상응하는 직업적 스트레스가 높기 때문인데 판검사는 직책에 대한 의무감으로 스트레스가 만만찮으며, 의사 역시 이러한 스트레스에서 결코 벗어날 수 없다는 것이다. 의학적으로는 이를 '사회시선병' 혹은 '자기강박증'이라고도 한다.

괜한 말이 아니다. 이와 달리 자신이 좋아하는 일에 연관성이 있는 직업을 가지면 그만큼 일에 대한 의욕도 높아지고 부(富)도 저절로 따라온다. 그러므로 부모는 자녀가 좋아하는 일이 무엇인지 잘 살피고, 그에 맞는 교육을 시켜야 한다.

또 한 가지는 어릴 때 형성된 '마음그릇'은 커서 바꾸기가 쉽지 않다는 것이다. 아이의 '마음그릇'이 잘못 만들어지면 커서도 자신의 미래를 제대로 보지 못하고 항상 눈앞의 것에만 집착하게 된다. 그런 아이의 미래는 암울할 수밖에 없다. 부모가 어릴 때부터 아이의 '마음그릇'을 잘 빚어줘야 한다.

끝으로 내 아이에게 가르쳐야 할 것은 직업에는 귀천이 없으며 어떤 일을 하더라도 그 나름의 보람이 있다는 것이다. 대학에 진학하는 이유도 단순히 좋은 직업을 갖기 위함이 아니라, 자신은 물론 남에게 좋은 일을 하기 위한 공부임을 가르쳐야 한다. 이것이 바로 내 아이의 '마음그릇'을 키우는 바른 방법이다.

2부

전생의 원수가 현생의 부부

한생은 나서 죽음으로 돌아가는 시간이다.
한 쌍의 부부는 무려 오백생의 세월을
거쳐야만 만날 수 있는 위대한 인연이다.

어쩔 수 없이 이혼할 때는
심플하게 하라

이혼의 일차적인 조건은 나를 위해서
헤어지는 것이 아니라 상대방을 위해서
자신이 물러난다는 마음으로 해야 한다.

어떤 중년 여성이 정법시대문화재단으로 찾아와서 상담을 요청한 적이 있다. 중학교 교감을 끝으로 정년퇴임을 한 남편과 난데없이 이혼을 했는데 도무지 화가 나서 삭일 수가 없다는 것이다. 그런데 그들의 이혼 사유를 들어보면 너무 기가 막히고 요즘 황혼부부들의 실상인 것 같아서 내가 잠시 소개할까 한다.

이들 부부는 남편이 정년퇴임을 한 후, 늦은 나이에 얻은 막내 딸이 아직도 대학을 다니고 있어서 얼마 되지 않은 연금으로 근근이 생활을 했다고 한다. 그러다 보니 남편은 밖에 나가면 돈 쓸 일만 있다고 종일 집에만 있었다. 부인으로서는 하루 삼시 세 끼를 차려주는 것도 짜증나는 일이어서 어느 날부터 밖으로 나 가라고 내쫓았는데 그것이 화근이 되었다.

부인은 빠듯한 살림 때문에 남편에게 매일 용돈으로 만 원을 주었다고 한다. 남편은 이 돈으로 어떤 과부가 하는 술집에 거의 매일 들러 술을 마셨다고 한다. 술집여자는 중학교 교감까지 한 남자가 그 흔해빠진 신용카드 한 장 없이 지갑에 매일 달랑 만 원 짜리 한 장만 들어 있는 것을 보고는 급기야 부인의 흉을 보기 시 작했다.

"아니, 평생 자식새끼와 마누라를 먹여 살렸는데 지금 와서 이 게 뭐예요. 사모님이 너무하시네."

남편과 술집여자는 조강지처를 안주 삼아 매일 흉을 보는 재미 에 빠졌다가 서로 눈이 맞아서 결국에는 넘어서는 안 될 선을 넘 고 말았다. 술집여자는 남자가 연금을 받고 있다는 사실을 알고 는 평생 자신이 먹여 살릴 테니 이혼하라고 강력하게 요구했다. 마지못해 남편은 술집여자의 요구를 들어줄 수밖에 없었다. 이 사실을 안 부인은 부정을 저지른 남편과 결국 이혼까지 했지만 후회가 막심했다. 물론 남편의 연금도 두 조각 났다. 자신이 조 금만 참고 기다리면 되는데 괜히 이혼을 했다는 것이다. 참으로 웃지 못할 기가 막히는 사연이었다.

누구의 잘못이 더 클까? 물론, 남편의 잘못이 더 크지만 부인에게도 잘못이 있다. 대개 이혼하는 부부들의 가장 큰 문제는 대화 단절이다. 소통이 없으면 자연스럽게 몸이 멀어지고 마음마저 멀어지게 되어 결국에는 이혼에 이른다. 이 부부의 문제도 여기에 있었던 것이다.

남편이 의지할 곳은 오직 부인뿐인데 정년퇴임을 한 후 부인과 자식들이 자신을 쓸모없는 인간으로 대하는 것에 불만이 컸을 것이다. 더구나 교감까지 지낸 남편에게 매일 만 원씩 용돈을 준 것도 부인의 큰 잘못이었다. 한 달에 한 번씩 30만 원을 주고 그 용처에 대해서 묻지 않았더라면 오히려 더 나았을 것이다. 남편의 입장에서는 젊었을 때 열심히 일했으면 말년에는 행복해야 하는데 오히려 더 힘들어진 자신의 삶이 못마땅했을 것이다. 아마 그로 인해 술집여자에게 많이 끌렸을 것이다.

하지만 서로에게는 오랫동안 살아온 정이라는 것이 있다. 이를 적절하게 잘 활용하면 되는데 서로가 화를 참지 못해서 이혼을 하고 말았던 것이다. 대개 이혼을 앞둔 부부들은 상대방을 무시하는 태도가 극에 달해 있다. 이럴 때는 한쪽에서 양보해야 하는데 상대방이 그 어떤 좋은 말을 해도 귀에 안 들어온다.

얼굴만 마주쳐도 상충작용(上衝作用)이 일어나서 큰 싸움이 나고 급기야 꼴도 보기 싫어진다. 이때는 배우자가 알랭 들롱이나 절세미인 양귀비라도 소용없고 금덩어리, 다이아몬드 같은 보석도 다 소용없다. 어떤 때는 과거의 집안 내력까지 들먹이다가 그것도 모자라서 혼수까지 이야기하는 등 케케묵은 오래전의 일까지 꺼내놓고 다툰다.

부부가 헤어지는 데에도 그에 대한 논리가 합당해야 한다. 그래야만 상대방 쪽에서 악한 마음을 갖지 않고 헤어질 수가 있다. 상대방을 갑갑하게 하고서 헤어지면 자신의 일도 잘 풀리지 않는다. 심플하게 헤어져야만 서로의 일도 잘 풀린다.

모든 불화에는 분명한 원인이 존재한다. 그 원인이 나에게서 비롯되었다면 빨리 찾아내야 하고, 상대방에게 있으면 찾아내어 바르게 처리하면 아무런 문제없이 새 출발을 할 수 있다. 말하자면 상호간에 생긴 불화의 원인을 찾아서 빨리 해소해야 다시 합치든 이혼하든 할 수 있다는 얘기다. 이를 소홀히 하면 마음에 병이 생기고 육신에도 큰 병이 생긴다.

아프다고 무조건 아스피린만 먹으면 되겠는가? 아스피린이 효과가 있는 병이 있고, 없는 병이 있다. 아스피린이 만병통치약인 줄 알고 먹었다가는 다른 병이 생기듯이 불화의 원인을 빨리 찾아야만 상대방 탓을 하지 않게 된다는 얘기다.

이혼을 하더라도 상대방과 충분히 대화를 한 뒤에 헤어져야 한다. 억지로 갈라서게 되면 이들 부부처럼 평생 마음의 상처가 된다. 때문에 이혼한 뒤에도 항상 상대방을 좋은 마음으로 대해야 다시 합칠 기회가 생긴다.

이혼의 일차적인 조건은 나를 위해서 헤어지는 것이 아니라 상대방을 위해서 자신이 물러난다는 마음으로 해야 한다. 이혼을 결심한 마당에 끝까지 자신이 잘났다고 우기면 불화의 골만 더 깊어진다. 그렇게 되면 재혼도 어렵다.

부부 사이에도
요구와 거절하는 방법을 알아야 한다

부부 금실이 좋은 집안에는

항상 밝은 기운이 흐르고

에너지가 넘쳐서 온기가 넘친다.

부부간에도 지켜야 할 예절이 있다. 과거 한국 남편들은 매우 가부장적이어서 부인을 함부로 대하는 경우가 많았다. 그렇지만, 요즘은 남녀평등 시대라서 옛날처럼 부인을 대하다가는 첫 번째 이혼 사유가 된다.

그럼, 부부간의 예절에는 어떤 것이 있을까? 첫 번째는 누가 돈을 벌든지 집안일에 대해서는 그 역할 분담을 분명히 하는 것이다. 두 번째는 상대방의 입장에서 먼저 생각하는 것이다. 세 번째는 약속을 반드시 지키는 것이다.

사실, 부부의 생활은 요구와 거절의 연속이다.

예를 하나 들어볼까? 부인이 집에만 있다가 남편에게 전화를 걸었다.

"오늘 퇴근 후에 우리 외식할까?"

남편은 퇴근 후 친구들과 술 약속이 있어서 부인의 요구에 망설였다.

"나 오늘 친구들과 약속이 있어."

"정말, 무슨 술자리 약속을 그리 자주 해."

잘못은 사전에 약속을 하지 않은 부인에게 있는데 오히려 화를 낸다. 이것은 부부간에 예절이 없기 때문에 생기는 일이다.

부부간에 요구와 거절을 할 때에도 겸손과 미덕이 필요하다. 남편이 부인의 요구를 들어주지 못할 때는 "여보, 내가 당신이 원하는 것을 해줄 수 없어서 미안해."라고 말하고 또한 부인은 "미안하기는 왜 미안해요." 하면 된다. 이런 부부는 서로가 존중하고 신뢰하기 때문에 다툴 일이 거의 없다.

상대방의 지나친 요구에도 "내가 못해주니까 미안해요." 이렇게 말하면 절대로 싸움이 일어나지 않는데 "당신, 왜 그래. 내가 그런 돈이 어디 있어. 좀 벌어 줘봐."라고 말하면 일순간 분위기가 험악해질 수밖에 없다. 이런 일이 자꾸 발생하게 되면 희한하게도 더 큰일이 생기게 되고 나중에는 대화는 물론, 마음의 문을 닫아버려 이혼까지 가게 되는 것이다.

특히 많이 배운 부부들이 더 그렇다. 이들은 서로가 잘나다보니 고집이 세고 자격지심이 강해서 양보는커녕 조금도 지지 않으려고 한다. 심지어 매일 대화도 없이 남같이 산다. 이들은 자주 싸우는 부부보다 더 위험하다.

왜냐하면 싸움보다 더 무서운 것이 바로 무관심이기 때문이다. 말이 안 통하면 나중에는 답답한 마음을 바깥으로 다 쏟아내 버리게 되는데 친구나 혹은 다른 여성을 몰래 만나서 갑갑한 마음을 토로하게 된다. 그렇게 되면 말이 통하는 친구를 만나서 밤낮으로 술을 마시게 되고 결국 친구와 바람나게 된다. 심지어 여성을 만나게 되면, 진짜 바람날 수도 있다. 부인의 경우도 마찬가지다.

바람이라고 하니까 얘기하는데, 남녀가 만나는 것만이 바람이 아니라 친구들과 시도 때도 없이 만나는 것도 바람이다. 이것을 '친구 바람'이라고 한다. 퇴근해서 부부가 함께 있어야 할 시간이 하루 세 시간이라면, 한쪽이 밖에서 보내는 시간이 평균 70%가 넘으면 그때부터 문제가 생기게 된다. 부부가 날마다 퇴근 후의 시간 중 30%을 할애해서 함께 보내면 절대로 불화가 일어나지 않는다. 그런데 한쪽이 자꾸 바깥으로 도는 집안은 냉기가 흐를 수밖에 없다. 왜 그럴까? 남자와 여자가 밖에다 기운을 모조리 쏟아버리니까 집안에서는 내놓을 기운이 하나도 없기 때문이다. 그러면 집안의 기운이 다 식어버리게 된다. 이때부터는 부부에게 각종 사고가 생기기 시작한다.

말하자면, 대화가 넘치고 웃음꽃이 피는 집안에는 늘 좋은 기운과 에너지가 흐르지만 부부간에 대화가 끊어지면 에너지도 끊기고 집안에 나쁜 기운이 흐르게 된다. 좋은 기운이 넘쳐야 할 집안이 적막강산이 될 수밖에 없다는 것이다. 그렇게 되면 남편은 냉기만 흐르고 나쁜 기운으로 차 있는 집으로 돌아오기가 싫어진다. 이로 인해 몸에 병이 생기고 나쁜 일들이 집안에 자주 발생하게 된다. 심지어 부부 사이에도 냉기가 흐르고 그때부터는 같이 있을 필요가 없어진다.

부부는 하나의 인격체다. 인격은 인간이 가지고 있는 성품이다. 부부 금실이 좋은 집안에는 항상 밝은 기운이 흐르고 에너지가 넘쳐서 온기가 가득하다. 그런 가정에는 병도 생기지 않고 하는 일마다 잘된다. 하지만 부부 사이가 나쁘면 인격이 온데간데 없이 사라지고 '년놈' 소리만 집안을 쩌렁쩌렁 울리게 된다. 이쯤 되면 오던 복도 도로 가버린다.

그래서 무엇보다도 부부는 서로 신뢰하고 존중하는 것은 물론, 금실이 좋아야 한다.

뱃속의 태아도
소중한 생명이다

대자연이 부모에게 자식을 주는 이유는

전생과 현생에 지은 업보를

자식을 통해 지우기 위함이다.

어느 날, 젊은 부부가 나를 찾아왔다. 눈가에 눈물이 가득했다.

"선생님, 얼마 전 아이를 키울 형편이 되지 않아서 어쩔 수 없이 아이를 유산시켰습니다. 그런데 시간이 지날수록 죄책감으로 인해 마음이 너무 아픕니다. 어떻게 하면 마음의 고통에서 벗어날 수 있을까요?"

나는 젊은 부부의 이야기를 듣고 갑자기 가슴이 먹먹해졌다. 사랑의 결실로 잉태된 아이를 키울 능력이 없어서 유산시켰다는 사연이 너무 가슴 아팠다. 아이를 유산시킨 것은 어쩌면 그들 부부가 아니라 우리 사회라는 생각이 문득 들었던 것이다.

오죽 힘들면 그랬을까. 옛날, 우리 어머니들은 보통 네다섯 명의 자식들을 훌륭하게 키워냈다. 옛말에 "제 먹을 것은 가지고 태어난다."고 했다. 그런데 요즘은 한 명도 키우기가 힘들어서 자식을 갖지 않는다고 한다. OECD 국가 중에서 우리나라의 출산율이 가장 낮다고 하니 정말 문제이다. 도대체 왜 그럴까?

유치원부터 초중고와 대학 졸업까지 양육비로 약 3억 원의 돈이 든다고 한다. 지금 한국 사회는 자녀교육에 거의 미쳐 있다. 물론, 자녀를 훌륭하게 키우는 건 당연하지만 그렇다고 아이들이 전부 좋은 대학을 나와서 좋은 곳에 취직하기를 바라는 건 부모의 욕심이다. 그러다 보니 오늘날 우리 젊은이들이 결혼을 포기하거나 설령 결혼을 해도 아이를 갖지 않는다고 한다.

남들보다 잘 키우지 못할 바에야 차라리 아이를 갖지 않는다는 건 지나친 이기심이 아닐까? 부모님 덕분에 이 세상에 왔으면, 자기를 닮은 후손을 가지는 것도 좋은 일이다. 더구나 자식을 낳아서 잘 기르는 것도 부모에게 효도하는 길이다. 그런데 옛날 우리 부모들은 그 열악한 사회 환경 속에서 자식들을 어떻게 키웠을까?

그렇다고 나는 인구절벽을 만든 이 사회와 국가가 문제이지 우리 젊은이들을 탓할 생각은 추호도 없다. 나를 찾아온 부부처럼 뱃속의 아이를 낙태시켜 죄책감이라도 느끼고 있는 것은 그나마 다행이다.

옛날에는 뱃속에 든 아이를 지우기 위해 양잿물을 먹거나 심지어 돌이나 몽둥이로 배를 때리기도 했다고 한다. 지금은 의학이 많이 발달해 병원에서 쉽게 아이를 지운다. 생명의 존엄성을 생각하면 참으로 안타까운 일이다. 그러기 전에 임신을 조심해야 하는데 조절하기란 쉽지 않다. 아무리 그렇다고 하더라도 요즘 너무 쉽게 아이를 지우는 것도 큰 문제이다. 짐승도 제 새끼는 보살피고 아낀다. 하물며 만물의 영장인 사람이 태아를 함부로 지우는 행위는 큰 죄이다.

대자연이 부모에게 자식을 주는 이유는 전생과 현생에 지은 업보를 자식을 통해 지우기 위함이다. 그럼에도 불구하고 자식을 가지는 걸 두고 '형편이 안 좋아서, 지금 조건이 안 좋아서'라는 생각은 아주 잘못된 발상이며 이기심이다. 자식을 낳는 것을 두고 계산과 이익을 먼저 따져서는 안 된다는 얘기이다. 이것은 대자연의 법칙을 거부하는 올곧지 못한 행위이다.

그리고 부득이하게 아이를 지워야 할 때는 어떠한 경우라도 100일이 넘어서면 안 된다. 이때는 영혼이 태아에게 점지되지 않았기 때문에 큰일이 일어나지는 않지만 100일이 지난 다음에는 영혼이 점지되어 있으므로 낙태는 살생으로서 큰 죄를 짓는 일이다.

100일이 지나서 머리와 손과 발 등 육신이 생성되면 그때부터 다른 차원에서 온 영혼이 점점 강하게 다가온다. 그런데 그 순간 아이를 지워버리면 어떻게 될까? 다른 차원세계에 머물면서 육신으로 다가오면 영혼이 갑자기 올 곳이 사라지게 된다. 그렇게 되면 본래 머물고 있었던 차원세계로 돌아가지 못하고, 중간에서 헤매게 되는데 그곳을 '구천세계(九天世界)'라고 하고 그런 아이를 '구천동자' 혹은 '복중동자'라고 부른다.

인간세계에 거의 다 왔지만 부모의 잘못된 판단으로 아이는 구천을 헤매게 되는 것이다. 아이에게는 얼마나 억울한 일이겠는가? 부부가 아이를 지우고 난 뒤 꿈속에 아이가 자꾸 나타나는 것도 바로 이 때문이다. 이미 영혼이 점지된 육신이기 때문에 어쩌면 그 아이는 꿈속에서라도 "엄마하고 같이 살 거야." 하고 날마다 찾아오게 된다. 얼마나 애절하고 간절하면 꿈속까지 찾아올까? 그러니까 100일 이후의 낙태는 정말 금물이다.

이처럼 세상은 차원세계와 현실세계가 공존하고 있다. 육신을 떠나보낸 아이의 영혼은 어떤 인연을 만나게 되면 다시 현실세계로 올 수도 있다. 우리의 삶은 늘 차원세계와 교류를 하고 있으며 이것이 빙의로 나타나게 된다. 때문에 어쩔 수 없이 아이를 지울 때는 신중해야 한다. 아이를 키우다가 홍역으로 죽게 되면 영혼은 다른 차원세계로 못 가고 구천에 떠도는데 옛날에는 그렇게 죽은 여자아이는 '홍진설녀'라고 하고 남자아이는 '홍진동자'라고 불렀다.

우리가 이러한 차원세계와 항상 연결되어 있음을 안다면 빙의를 잘 다스려서 "미안하구나."라고 사과하고 참회한 뒤 그 아이가 다시 좋은 세상에 태어날 수 있도록 기도해야만 화를 당하지 않는다. 그리고 "아이야, 이 엄마가 너를 위해 좋은 일을 많이 해서 너에게로 그 공덕을 돌릴 테니 억울해하지 말아라. 엄마가 잘못했구나." 하면서 아이를 달래고 사죄해야 한다. 그래야만 더 이상 아이가 말썽을 피우지 않고 자신이 있었던 차원세계로 돌아간다.

자기밖에 모르고 단순한 것이 바로 영혼이다. 아이의 영혼을 달래주면 그것으로 족하니까 너무 걱정하지 않아도 된다. 이렇게 해야만 나중에 시달림을 받지 않는다.

기독교 목사도 아이가 죽으면 "하나님, 도와주십시오." 하고 스님도 "부처님, 이 아이의 영혼을 달래주십시오." 하는 것이다. 목사든, 스님이든, 도인이든, 무속인이든 모든 종교인은 항상 영혼을 접하고 있다. 우리가 집안에 사람이 죽으면 그들에게 청해 영혼을 달래는 재를 지내거나 기도를 하는 것도 이 때문이다.

그리고 진심으로 미안한 마음을 가지고 사죄하면 그 영혼은 다른 세계로 갈 수 있다. 그런데 지금 이 세상에는 영혼의 안식을 제대로 깊이 있게 가르쳐주는 사람이 거의 없다. 심지어 그들은 영혼을 올바르게 천도시키지도 못하고 있다. 진정한 천도는 하나님과 신과 부처님에게 빈다고 되는 것이 아니다. 부모가 진정으로 느끼고 참회하고 깨우쳐야만 하는데 그것이 바로 억울한 죽음들과의 합의인 것이다.

영혼들은 각자의 억울함이 있다. 그것을 정확히 알고 풀어주어야만 깨끗하게 합의가 이루어진다는 얘기이다. 이러한 것들을 잘 알고 정리해서 다시는 가족들이 시달림을 받지 않도록 해야 한다. 모든 생명은 소중하다. 태아일지라도 함부로 지우는 일은 큰 죄를 짓는 것이다.

부부는 무엇이든 함께 의논하라

부부가 아무리 돈이 많아도

믿음과 신뢰가 없다면

결국 헤어질 수밖에 없다.

부부는 이 사회를 이루는 가장 기본적인 구성요소로서 행복한 부부가 많아야만 사회가 건강해지고 나아가 국가가 발전할 수 있다. 그런데 요즘 세 쌍 중에 한 쌍이 이혼한다고 하니 매우 심각하다.

도대체 이렇게 많은 부부가 이혼하는 근본적인 원인은 무엇일까? 사회학자들은 부부가 이혼하는 이유로 첫 번째 경제적 문제, 두 번째 상대방의 외도, 세 번째 성격 문제, 네 번째 자녀교육이라고 말한다. 이것은 비단 부부들만의 문제가 아니라 사회적인 문제로 급격하게 부상하고 있는 실정이다.

오늘 여러분들에게 내가 들려주고자 하는 강의의 요지는 이 문제를 제쳐두고 '도대체 부부란 무엇인가?'이다. 부부의 정의를 먼저 이야기해야만 둘 사이에서 일어나는 일들을 순조롭게 풀 수가 있기 때문이다.

불교에서 말하기를, 부부는 오백생을 거쳐야만 겨우 만날 수 있는 위대한 인연이라고 한다. 한생은 사람이 나서 죽음으로 돌아가는 세월을 말한다. 한 쌍의 부부가 맺어지는 데는 무려 오백생의 세월을 거쳐야만 만날 수 있다고 하니 실로 얼마나 귀한 인연인가?

그런데 어떤가? 이토록 소중한 인연인데 어떤 부부는 아침에 눈만 뜨면 밥상을 앞에다 두고 서로 싸운다. 이런 부부들을 두고 우리는 '콩가루 집안'이라고 부른다. 내가 이런 말을 하니 지금 이 순간 가슴이 뜨끔한 부부들도 있을 것이다. 도대체 이들 부부는 왜 눈만 뜨면 싸우는 걸까?

아까도 말했지만, 사회학자들은 네 가지 문제가 부부 사이를 갈라놓는 원인이라고 한다. 그러나 내가 정확하게 짚어보면 서로 간의 믿음과 신뢰가 부족하기 때문에 일어나는 현상이다.

요즘은 나이가 서른 살 정도가 되어야 결혼하는 추세이지만 옛날에는 조혼(早婚)이 많았다. 더구나 평강공주와 바부온달처럼 첫눈에 반하면 단번에 사랑이 싹 트지만 요즘은 학벌과 직업, 얼굴, 심지어 부모의 재산이나 학력까지 따지는 추세이니 능력 없는 남자들은 장가도 못 간다. 더구나 요즘 젊은이들은 설렘이 전혀 없는 결혼을 한다니 참 불행하다.

물질 사회이다 보니 대개 이혼의 일차적인 원인은 경제적 문제이다. 남편이 몰래 외도를 하거나 천방지축으로 살아도 그저 돈만 잘 벌어오면 된다고 생각하는 부인들이 의외로 많다. 그러니 사랑보다도 돈이 더 우선시되는 시대가 된 것이다. 정말 큰 문제이다. 또한 재산이 많으면 서로 차지하기 위해 싸운다고 한다. 없어도 싸우고 있어도 싸우는 게 바로 돈이다. 남편이 돈이 많으면 자연스럽게 딴 여자에게 한눈을 팔게 되고 부인도 다를 바가 없다. 그런데 어떤 남편은 돈이 많은데도 불구하고 부인이 쓸데없이 돈을 쓰면 사사건건 간섭하는 것은 물론, 어떤 쫀쫀한 남편은 심지어 콩나물 개수까지 센다고 한다. 이런 부부는 하루하루 숨이 막힐 수밖에 없다.

돈 없는 부부는 말할 것도 없다. 남편이 돈을 못 벌어온다고 부인이 매일 징징대면 속수무책이다. 그래도 없는 것보다는 있는 것이 낫다. 그러니 돈이 정말 요물이다. 그러나 부부 사이에 매우 중요한 것이 있는데 상대방에 대한 믿음과 신뢰이다. 아무리 돈이 많아도 부부지간에 믿음과 신뢰가 없다면 결국 헤어질 수밖에 없다. 말하자면 돈이 없는 것으로 인해 부부가 싸울 수는 있겠지만, 단순히 그것만으로는 이혼 사유가 되지 않는다는 것이다. 또한 외도를 하는 건 서로 간의 대화 단절이 가장 큰 이유이다. 더 이상 서로에게 원하는 것이 없기 때문에 더 나은 대상을 찾다가 외도를 하게 되는 것이다. 때문에 부부는 절대로 떨어져 살면 안 된다. 말로 하든 몸으로 하든 부부는 끊임없이 대화를 해야만 신뢰가 쌓인다.

자라온 환경이 다른 두 사람이 만나 평생을 살면서 싸우지 않는 부부는 이 세상에 없다. 대화를 자주 하게 되면 서로에 대한 이해가 깊어지게 되고 사랑도 더욱 깊어질 수밖에 없다. 대화가 없으면 자연히 믿음이 깨지고 결국 이혼으로 갈 수밖에 없다는 것이다. 요즘 시중 은행도 담보보다는 신용을 더 따지듯이 부부지간에도 신용이 전제가 되어야 한다. 신용 없는 남편이 아무리 좋은 일을 한다고 해도 아내는 믿지 않는다. 그렇게 되면 결국 싸움이 일어날 수밖에 없다.

그리고 무슨 사업이나 일을 할 때는 반드시 고려해야 할 것이 있다. 남편이 사업을 시작할 때 부인에게 물어보고서 부인이 "사업은 해서 어떻게 하려구요? 안 됩니다."라고 하면 절대로 하지 말아야 한다. 부인이 하지 말라는데도 하게 되면 100% 망한다.

왜 그런가 하면 남편이 결정해서 옳다고 생각하고 사업을 시작했다고 하더라도 부인의 반대로 인해서 '기운(氣運)'이 꺾여버렸기 때문이다. 이것을 두고 '초를 쳤다.'고 한다. 대개 음식에 초를

치면 맛이 이상하다. 말 한마디에도 큰 에너지가 있다. 어떨 때는 부인의 격려가 모든 기운을 바꾸게 한다. 사람이 기분이 좋을 때는 그냥 있으면 되는데 상대방에게 이야기했다가 오히려 초치는 말을 하면 좋았던 감정이 사라지는 것처럼 세상의 일에는 기운이 흐른다.

그러니까 되도록 자신이 결정한 일은 자신이 해야 한다. 그리고 부인이 아닌 사람과 의논할 때는 모자라는 것을 의논하고, 그때 상대방이 조언해주는 것을 과감하게 수용해야 한다. 이렇게 되면 모자라는 것이 자연스럽게 채워져서 일이 잘 풀리게 되는 것이다. 이러한 법칙은 우리가 살면서 늘 겪는 일이다.

부부의 경우, 서로 의논하기 전에 혼자 결정하고 처리할 수 있는 일은 혼자서 하는 것이 좋다. 그런데 혼자 결정하기에는 미흡해서 의논해야 한다면, 끝까지 부인의 말을 들어야 한다. 그리고 부인이 반대를 하면 하지 않는 것이 바른 길이다. 사업을 벌이기전 부인과 의논해야겠다고 생각하는 그 자체가 바로 '내가 아직은 부족하다.'는 것이기 때문인데 부부끼리 합의가 안 되면 다른 사람에게 가서 의논해 봐도 마찬가지이다. 무엇보다도 평생 함께 살아온 부인의 직감이 더 맞다는 뜻이다. 이해가 되는가?

그런데 부인이 사업을 반대했는데도 불구하고 남편이 자기 마음대로 하면 어떻게 될까? 100% 실패하게 되고 부인으로부터 "그때 하지 말라고 하지 않았느냐?"라는 원망을 듣게 될 것이다.

이로 인해 나중에는 부부지간에 더 큰 문제가 생기게 된다. 따라서 남편이 부인과 의논을 했다면 반드시 부인의 뜻을 반영해서 일을 추진해야만 100% 성공할 수 있다는 얘기다.

신용 잃은 남편이
부인에게 신용을 회복하는 방법

당신에게 가장 중요한 사람은 바로 부인이고

당신을 가장 잘 아는 사람도 바로 부인이다.

평소 부인에게 신용 잃은 남편들이 다시 신용을 얻는 조언을 구하기 위해 나를 많이 찾아온다. 그런데 요즘 부인들은 생판 모르는 남의 말은 잘 들어도 한번 신용을 잃은 남편의 말은 '콩으로 메주를 쑨다.'고 해도 믿지 않는다. 그런데 희한하게도 부인들은 "그래도 남편이고 아이들의 아빠인데." 하면서 잘 참고 산다. 부부싸움은 '칼로 물 베기'라고 하지 않던가. 사실 이 정도가 되면 '극한상황'까지는 아니다.

남편이 부인에게 신용을 잃은 원인은 사람에 따라 각자 다를 것이다. 물론, 외도를 하거나, 도박을 해서 큰돈을 날렸거나, 몰래 주식을 하다가 큰 손실을 입는 등 치명적인 잘못이 아니라면 대개 부인들은 용서를 한다.

하지만 가장 큰 불화의 원인은 뭐니 뭐니 해도 상대방을 무시하는 행위이다. 부부지간에도 반드시 지켜야 할 예의라는 것이 있다. 남편이 어떤 일을 하고자 할 때 의논조차 하지 않는 것은 부인을 무시하는 것이나 다름없다. 이것이 남편들이 부인들에게 신용을 잃는 가장 큰 원인이다. 부부가 서로 믿고 의지하는 가정은 저절로 부자가 된다는 말이 있다. 그만큼 부부지간의 신뢰는 가정의 행복과 바로 직결된다.

그런데 남편이 회사원이나 공무원처럼 일정한 수입이 있다면, 일반적으로 부부관계는 원만하다. 하지만 남편이 사업을 하거나 장사를 할 때는 아무래도 상황이 다르다. 이때는 여건상 부부지간에도 충분한 의논이 오고가야 한다. 그래서 월급쟁이 부부와 사업가 부부의 생활은 아무래도 다르다. 상대적으로 월급쟁이는 생활에 대한 위험부담이 적지만 많은 수입을 기대하기란 어렵다. 그러나 사업과 장사는 상대적으로 위험부담도 있지만 많은 돈을 벌 기회가 있다는 것이다.

일전에 30여 년 동안 직장을 다녔던 한 남편이 퇴직을 앞두고 고민 끝에 나를 찾아왔다. 그는 그동안 직장을 다니면서 별탈 없이 무난하게 인생을 살아왔지만 이제는 회사를 떠나 다른 일을 시작해야 할 때였다. 그의 나이는 겨우 오십대 중반에 불과했다. 시대가 시대인 만큼 회사가 그에게 더 이상 자리를 허락하지 않았던 것이다. 그는 회사를 퇴직하기 전부터 앞으로 어떤 일을 할 것인가 오랫동안 고민을 해왔다.

"선생님, 저는 사업을 하고 싶은데 앞으로 잘할 수 있을까요?"

사실, 그동안 그가 어떤 일을 했는지 잘 모르는 상태였다. 다만, 그의 눈빛을 보자 자신감에 차 있는 얼굴이었다. 그는 직장에서 IT 분야의 전문가였다. 그는 그 일을 퇴직 후에도 계속하고 싶어 했다.

"부인과는 의논을 했나요? 어떤 대답을 하던가요?"

"아직 집사람과는 의논하지 않고 주위 친구들이나 동료들과 의논을 했습니다."

"그래요. 그들이 찬성을 하던가요, 반대를 하던가요?"

"어려운 때인데 사업하지 말라고 극구 말렸어요."

나는 이렇게 말했다.

"당신에게 가장 중요한 사람은 바로 부인이고 당신을 가장 잘 아는 사람도 바로 부인인데 어째서 남과 의논을 했나요? 제 생각에 부인과 의논해서 찬성하면 하시고, 만약 부인이 반대를 하면 하지 않는 것이 좋을 듯합니다."

그는 나의 말에 깜짝 놀랐다.

"그렇군요. 정말 고맙습니다."

그는 몇 달이 지난 후 부인과 함께 나를 찾아왔다. 퇴직 후 차린 회사가 꽤 잘됐던 것이다. 오래전부터 퇴직 후의 사업 계획을 철저하게 세운 덕분이기도 하지만, 무엇보다도 그가 사업에 성공할 수 있었던 요인은 바로 부인의 적극적인 도움이 있었기에 가능했던 것이다.

이처럼 부인의 역할은 그 누구보다도 중요하다. 그가 성공할 수 있었던 가장 큰 요인은 할 수 있다는 자신감 30%와 부인의 적극적인 지지 40%가 합쳐지고 대자연의 에너지 30%가 더해져 100% 성공할 수 있었던 것이다. 물론, 실패할 수도 있었겠지만 설령 그렇다고 하더라도 그는 다시 부인의 지지를 받아서 반드시 성공할 수 있다는 것이다.

이쯤에서 나는 대자연의 법칙에 대해서 여러분들에게 얘기하고자 한다.

어떤 사람이 사업을 하려고 한다. 대개 부부관계가 원만하지 않은 남편들은 부인과 먼저 의논하지 않고 가까운 친척이나 친구들과 의논한다. 남편이 그들에게 뭔가 조언을 구하려는 것은 불안한 마음이 있기 때문인데 그들이 만약 "경기가 좋지 않으니 사업을 하지 말라."고 했는데도 감행했다면 무조건 그 사업은 100% 망하게 되어 있다. 왜냐하면 사업을 하기도 전에 불안 심리로 인해 이미 외부로부터 열정을 빼앗겨 버렸기 때문이다. 이것이 바로 그 사업이 가지고 있는 마이너스 에너지인 것이다.

반대로 부부 사이가 좋지 않은 어떤 사람이 사업을 하기 전에 먼저 부인과 의논을 했다고 치자. 그런데 부인이 뜻밖에도 "당신이 하고 싶은 사업을 하세요."라고 한다면 그 사업의 성공 확률은 몇 %일까? 100%이다. 왜 그럴까? 부인의 에너지가 바로 그 사업에 더해졌기 때문이다. 그런데 부인이 사업하는 것을 반대했는데도 감행했다면 어떻게 될까? 망할 확률은 100%이다.

내가 이런 소리를 하면 혹자는 "무슨 궤변인가?" 하겠지만 자신의 일에 대한 확신이 서지 않은 사람은 주위로부터 힘을 빌리려고 하는 반면, 확신이 있는 사람은 자신있게 자신의 에너지를 다 쏟아 붓기 때문이다. 이것이 바로 내가 말하는 대자연의 법칙이다.

그러니까 사람은 무엇을 하든지 간에 누군가와 먼저 의논을 했다면 그 사람의 말을 분명하게 귀담아들어야 한다는 것이다. 우리는 자신을 믿지 않는 사람과는 의논을 하지 않는다. 그렇게 해서 누군가가 "반대"를 하면 무조건 승복하고 "허락"하면 다시 한번 생각을 해보리는 얘기이다.

지금은 자본주의 사회이다. 자신과 의논해준 상대의 시간을 소중하게 생각하라는 것이다. 상대방이 시간을 내서 해준 말을 소중하게 경청해야 한다. 자신에게 시간을 내주고 의논해준 사람의 한마디는 매우 중요하다.

말은 곧 에너지이다. 내가 누군가와 상의를 했다는 것은 상대의 말을 듣기 위함이다. 의논해 놓고 나중에 상대방의 의견을 묵살할 것 같으면 애초에 의논을 하지 말아야 한다. 이것이 상대방의 의견을 존중해주는 방법이다.

이 같은 대자연의 법칙은 평생 머릿속에 되새기고 있어야 한다. 학생이 학교에 가서 공부를 하는 것도 선생님의 시간을 빼앗는 것이기 때문에 선생님의 말씀을 귀담아들어야 한다. 이는 삶의 진리이자 대자연의 법칙이므로 명심해야 한다. 이것을 간과하면 당신에게 성공이란 없다.

부부 사이에도 시간을 내어 무슨 일이든지 의논하고 대화를 많이 해야 한다. 이것이 신용을 잃은 남편이 신용을 얻는 유일한 방법이다. 이 또한 대자연으로부터 에너지를 받는 방법이기도 하다. 부부가 자주 대화하면 얼마 지나지 않아서 그 집은 부자가 될 것이다.

배우자가 거짓말하는 게
꼭 나쁜 것만은 아니다

부모가 웃으면서

잘 사는 모습을 보여야만

자식들의 인생도 잘 풀린다.

부부가 서로에게 거짓말을 하는 건 나쁜 것일까, 좋은 것일까? 일각에서는 거짓말은 무조건 나쁘다고 말하지만 상황에 따라서 거짓말도 때로는 좋다. 불경(佛經)인 《법화경(法華經)》에서도 장자가 세 자식들이 놀이에 빠져서 불난 집에 갇혀 있는 것을 보고 빨리 구하기 위해 '방편'을 썼던 적이 있다. 거짓말도 상대방에게 도움이 된다면 '방편'으로 사용해도 된다는 것이 붓다의 가르침이다.

남편이 자기가 한 일을 바르게 말하면 부인이 화를 낼 수 있기 때문에 슬쩍 바꿔 말하는 것은 하나의 방편일 수 있다는 얘기다. 문제는 그런 거짓말을 하도록 만든 환경에 있고, 일부러 꾸민 것이 아니기 때문에 엄밀하게 말하면 거짓말이 아닌 것이다. 그러므로 무조건 거짓말을 했다고 상대방을 몰아치는 건 너무 모진 처사이다. 때로는 부인이 남편의 마음을 읽고 거짓말을 모르는 척 눈감아 주는 것도 사랑이라는 것이다.

그런데 요즘 젊은 부부들은 어떤가. 배우자가 거짓말을 하면 그 순간 화를 참지 못해 싸움부터 시작한다. 그러나 20~30년을 함께 산 부부들은 남편이 거짓말을 하는지 진심인지 눈빛만 봐도 알아서 큰 거짓말이 아니라면 따져봤자 소용없는 일이라는 걸 알고 슬쩍 눈감아 준다. 사실, 남편이 부인에게 거짓말을 하는 것도 그런 환경이 만들어져 있기 때문이다. 따라서 남편이 거짓말을 했을 때는 '저 사람이 나에게 왜 거짓말을 할까. 이유가 있겠지.' 하고 속아주는 것도 때로는 부부간의 화목에 좋다는 것이다.

그렇다고 너무 자주 거짓말을 하면 습관이 될 수 있으므로 가끔씩 사전에 봉쇄하는 것도 그리 나쁘지는 않다. 그럼에도 남편이 계속 거짓말을 한다면 왜 거짓말을 하는지 부인도 그 이유를 알려고 노력해야 한다. 거짓말을 듣고 다짜고짜 "너 죽고 나 죽자." 하고 싸우면 그 순간 더 큰일이 일어난다. 남편이 거짓말을 하도록 만든 부인에게도 책임이 있다는 말이다.

그래야만 거짓말을 일삼던 남편이 돌아온다. 그러지 못하고 다짜고짜 "넌 왜 자꾸 거짓말을 하냐?"고 따지면 나중에는 완전 범죄를 위해 더 치밀한 거짓말을 연구하게 될 것이다. 그렇게 되면 어떤 일이 일어날까? 부부 사이는 악순환이 거듭될 수밖에 없고 어쩔 수 없이 나쁜 환경이 계속적으로 만들어질 수밖에 없다.

그렇다고 할 말을 다 하지 못한다면 더 큰 문제를 일으킬 수 있다. 이때는 상황을 직시하고 빨리 해결 방법을 모색해야 한다. 그리고 거짓말이 도가 넘치면 하루 빨리 부부가 마음을 터놓고 대화해야 한다. 그래도 화합이 되지 않으면 헤어지는 것이 좋다. 부부가 몸과 마음이 맞지 않는다면, 상대방을 오래 붙잡아두는 것도 서로에게 좋지 않다. 그런 관계로 허송세월한다면 나중에는 틀림없이 후회만 남기 때문에 되도록 빨리 결정하는 것도 서로에게 나쁘지 않다. 서로 맞출 수 없다면 상대방이 더 좋은 인생을 살 수 있도록 길을 열어주는 것도 사랑의 한 방법이다.

만약 부부 중 한쪽에서 "도저히 당신하고 못 살겠다."라고 한다면 "그래. 징 그렇다면 따로 한번 살아보자."라고 일시적인 별거도 한 방법이다. 물론, 별거 기간이 짧으면 짧을수록 좋지만 길어지면 이혼으로 갈 수밖에 없다. 그렇다고 하더라도 자식이라는 끈이 남아 있기 때문에 완전히 남남이 되는 것은 아니다.

말하자면, 몇 달만이라도 따로 살면서 서로 노력해보고 누구에게 모자라는 것이 있었는지 깊이 생각해 본 후에 헤어지더라도 나쁘지 않다는 말이다. 이쯤 되면 대부분은 다시 합치게 된다. 하지만 별거 기간에 명심해야 할 것이 있다. 아무런 생각 없이 그냥 보내면 안 되고 공부를 해야 한다. 대책 없이 허송세월만 한다면 결국 둘 사이 감정의 골은 더 깊어지고 결국 이혼할 수밖에 없다.

우리 인생은 이상하게도 똥이 무서워서 피하면 된똥을 만난다. 별거 중에도 마음 공부를 하지 않으면 이혼을 하고, 설령 다른 사람을 만난다고 하더라도 좋지 않은 일이 생긴다. 재혼을 해도 또 실패를 하게 된다는 얘기이다. 이처럼 대자연의 법칙은 어김이 없다.

부부간에 대화가 안 된다면, 의논할 것을 먼저 만들어서 마음을 툭 터놓고 이야기를 해보고 그래도 안 되면 "어떻게 했으면 좋겠느냐?"라고 한번 물어보라. 그래도 계속 부닛치면 더 이상 살 필요가 없다. "죽어도 못 살겠다고 하는 사람"과 같이 살 필요는 없다. 그럼에도 불구하고 함께 살면 어떻게 될까? 나중에 큰일이 생기기 때문에 자신의 인생도 생각해야 하고 상대방의 인생도 생각해야 한다. 함께 살면 큰일이 생긴다는데 굳이 함께 살 이유가 없다는 것이다.

이혼할 때도 원수처럼 헤어지면 안 되고 상대방의 행복을 빌어 줘야 나도 행복해질 수가 있다. 내 생각과 고집만으로 상대방의 발을 묶어서는 안 된다. 그렇게 되면 내 인생두 철저하게 묶인다. 이것이 바로 부부관계이다.

인간은 누구나 자유롭게 살 권리가 있다. 부부가 마음이 통하고 대화가 잘 되면 다 주어도 하나도 아깝지 않다. 하지만 부부가 마음이 꽉 막혀 있으면 하나를 주어도 아깝다. 결혼을 했으니까 자식을 봐서라도 그냥 살아야 되지 않겠느냐고 하는데, 자식도 그런 관계를 원하지는 않는다.

부모가 매일 다투면 자식의 앞길도 풀리지 않거니와 인생까지도 망칠 수 있다. 부모가 웃으면서 잘 사는 모습을 보여야만 자식들의 인생도 잘 풀린다. 반대로 자식의 삶이 고달프면 부모의 삶도 힘들 수밖에 없다. 부부와 달리 부모 자식 간에는 끊어질 수 없는 고리로 묶여 있기 때문이다.

부부 사이에 아무리 화가 나는 일이 있더라도 자식 앞에서는 항상 웃는 얼굴로 대하라. 심지어 법당이나 교회에 가서 기도를 할 때도 항상 환한 얼굴로 "남편이 건강하고 자식들이 잘되게 해주세요."라고 해야 한다. 기도하면서 울상을 짓거나 찡그린 얼굴로 기도하면 "남편과 자식이 얼굴을 찡그리며 힘들게 살게 해주세요."라고 비는 것과 같다.

그러니까 부모 사이가 좋지 않으면 자식들이 안 풀리는 것은 당연하다. 부모의 에너지가 충만해야 그 에너지를 받아서 자식들도 잘되고, 거꾸로 자식의 에너지가 충만해야 부모도 건강하게 오래 살 수 있다. 이것이 바로 대자연의 법칙이다.

우리는 아직도 살 날이 구만리다. 내 마음을 잘 정리해야 오래 오래 행복하게 살 수 있다.

지금 이 사회가 불행으로 치닫는 것은 인류가 남긴 잘못된 유산들의 부작용 때문이다. 그동안 우리 인류는 훌륭한 유산들을 후손들에게 남겨주었지만, 한편으론 많은 모순과 부작용도 함께 낳았다. 인류의 가장 큰 단점은 자신의 잘못을 남 탓으로 돌리는 것이다. 인류는 이제부터 스스로 반성하지 않으면 안 된다.

그럼, 어떻게 사는 것이 바른 길일까? 정답은 없다. 다만 자식들이 인생을 허비하지 않도록 부모들이 잘 사는 모습을 보여주어야만 나중에 자식들도 행복해질 수 있다. 부부가 지은 업은 단순히 그들만의 것이 아니라 대대로 자식들에게 이어진다는 것을 명심해야 한다.

부부는 믿음이 있어야 한다

부부는 말할 자격이 있고
당연히 들을 의무가 있으나
상대방에게 강요할 자격은 없다.

부부가 행복하게 살려면 상대의 말과 행동을 존중하고 배우자
로서 최소한의 도리를 다해야 한다. 또한 부부는 모자라는 것을
시로 채워주기 위해 만난 존재이기 때문에 부인이 부족한 것이
있으면 남편이 채워주고, 남편이 부족한 것이 있으면 부인이 채
워줘야 한다.

하지만 환경과 성격이 다른 집안에서 성인이 될 때까지 살아온
두 사람이 하루아침에 상대방의 마음을 채워준다는 건 매우 힘

든 일이다. 그렇지만 살면서 함께 맞춰가는 것이 부부이다.

그런데 어떤가? 요즘 젊은 부부들은 개성이 강하고 뚜렷해서 상대방이 조금만 서운하게 하면 화를 내며 "사네 마네." 한다. 아무리 마음에 들지 않는 것이 있다고 하더라도 먼저 귀담아들어줘야 하는데 성질이 급해서 화를 내거나 난리 치기 일쑤다.

이게 무슨 부부인가? 남편이 바깥일이 잘 풀리지 않거나 몸이 아프면 부인에게도 책임이 있고, 반대로 부인에게 좋지 않은 일이 생기거나 몸이 아프면 남편에게 책임이 있다는 걸 알아야 한다. 이걸 부부 상호 책임이라고 한다.

이것을 제대로 모르고서 상대방의 잘못만 지적하는 건 누워서 침 뱉는 것과 다름이 없다. 이런 부부에게는 행복은커녕 복도 찾아오지 않을뿐더러 재물도 따르지 않는다. 부부가 합일(合一)이 되지 않는데 집안이 잘되기를 바라는 것은 어불성설이다. 부부 사이에는 그 어떤 하찮은 일도 서로 마음을 툭 터놓고 대화를 해야 한다.

그럼, 부부란 어떤 의미일까? 한 이불을 덮고 사는 존재요, 평생 살을 섞고 사는 귀한 존재이다. 이런 둘 사이에 서로 감추는 것이 있다면 함께 살 이유가 없고, 서로의 말을 귀담아듣지 않는다면 부부가 될 자격이 없다. 그러므로 부부는 상대방이 원하는 것이 무엇인지 반드시 알고 있어야 한다.

둘 사이에 대화가 끊어졌다는 건 서로 존중하지 않는다는 뜻이다. 이럴 바에야 차라리 혼자서 사는 게 더 낫다. 상대방을 존중하는 사람은 말도 귀담아듣고 상대방이 원하는 답을 즉각 내놓는다. 이것은 당장 상대가 원하는 것을 해줄 수는 없다고 해도 이미 상대방의 마음을 알고 이해한다는 뜻이다.

서로가 존중하면 자연스럽게 상대방의 이야기도 잘 들린다. 상대방을 존중하지 않으면 상대방이 무슨 말을 하는지조차 모른다. 대화 중에도 정신은 딴 곳에 팔려 있기 때문에 아무리 좋은 말도 '소귀에 경 읽기'가 된다. 말귀를 알아듣지 못한다는 건 상대를 존중하지 않고 있다는 뜻인데 귀는 열려 있으나 이미 생각은 다른 곳에 있기 때문이다. 이런 가정에 무슨 행복이 찾아오겠는가?

말은 소통의 한 과정이다. 서로의 말뜻을 알아들으면 나중에는 눈빛만 봐도 상대방의 마음을 읽는다. 이것이 바로 부부이다. 그래서 가끔 옛날 어른들은 싸우면서도 "나는 저 양반의 눈빛만 봐도 무얼 생각하는지 다 알아."라고 했다. 싸우면서도 서로의 마음을 다 알고 있다는 얘기다. 이런 부부는 매일 싸워도 이불 속으로 들어가면 또 한몸이 된다.

그런데 어떤가? 요즘은 상대방을 존중한다고 하면서도 말을 제대로 듣지 않는 부부가 많다. 왜 그럴까? 말하기도 전에 이미 당신의 생각을 다 알고 있으니 잔소리하지 말라는 뜻이다. 그러니까 말을 듣고 있으면서도 실제로는 엉뚱한 생각을 하고 있는 것이다. 이런 부부에게는 답이 안 나온다. 소위 무늬만 부부이지 이혼한 것이나 다를 바가 없다.

부부는 서로에게 말할 자격이 있고 당연히 들을 의무가 있지만 그렇다고 자신의 의견을 강요할 수는 없다. 그럼에도 불구하고 상대방에게 강요만 하면 싸움이 일어날 수밖에 없는 것이다. 자신의 주장을 상대방에게 제대로 알리려면, 상대가 이해할 수 있도록 잘 설득해야 한다. 상대방의 마음을 이해시킬 수 없다면 차라리 애초부터 말하지 않는 것이 더 좋다.

왜냐하면 나 자신이 상대방을 이해시킬 준비가 되어 있지 않으면 상대방도 나의 요구를 받아들일 수 없기 때문이다. 이런 상태에서 상대방에게 무리하게 요구를 해봤자 화만 낼 것이 뻔하다. 왜 그럴까? 상대방의 마음을 갑갑하게 만들었기 때문이다. 이때는 차라리 아무 말도 하지 않는 것이 낫다.

부인이 남편에게 어떤 요구를 했는데도 불구하고, 남편이 어떠한 답도 주지 않는다면 그것은 이미 부인을 무시하고 있다는 뜻이다. 이럴 경우에는 먼저 남편의 기분을 전환시켜야 한다. 무조건 요구를 하지 말라는 것이다. 반대의 경우도 마찬가지다. 이렇듯 부부간에도 항상 상대방의 입장에서 생각해야 하고 그 어떤 어려운 일들도 다 털어놓고 의논해야 한다.

예를 하나 들어보겠다. 《금강반야바라밀경》은 불교 최고의 대승경전이다. 이 경은 부처님과 상수제자인 수보리가 나누는 대화로 되어 있다. 부처님이 제자인 수보리에게 질문을 던질 때 "수보리야, 나의 생각은 이러한데 너의 생각은 어떠한가?"라고 묻고 수보리는 "부처님, 저의 생각은 이러이러합니다."라고 답한다. 이걸 두고 불교에서는 '어의운하(於意云何)' 식 답변이라고 한다. 말하자면 부처님은 제자에게 질문하거나 대답할 때 항상 상대를 존중했다. 이 대화법을 배우자와 자식들에게 혹은 직장동료와 친구들에게 적용해보는 것은 어떨까? 여기에는 상호평등의 법칙이 숨어 있다.

남편 혹은 부인과 뭔가를 의논할 때 "여보, 내 생각은 이러이러한데 당신 생각은 어때요?" 또한 아들이나 딸에게 뭔가를 이야기할 때도 "아들아, 내 생각은 이러이러한데 네 생각은 어때?"라고 물어보라. 우리가 세상을 살면서 누군가에게 이렇게 묻고 대답한다면 남으로부터 존중을 받을 것이다.

나보고 원수를 사랑하라고?

진짜 원수는 전생에

빚진 인연의 고리로

현생에 만난 사람이다.

성경의 마태복음에 보면 "원수를 사랑하라."고 한다. 기독교인

들이 동서고금(東西古今)을 통해 입버릇처럼 강조했던 얘기이다.

그러나 '원수'와 '사랑'은 합쳐질 수 없는 모순을 가지고 있으면서

도 상황에 따라 서로 융합되어진 것으로서 어떤 양변에도 집착

하지 않고 자유롭게 오고가는 불교의 근본정신인 '중도사상(中道

思想)'과 일치한다.

따라서 '원수를 사랑하라.'는 말은 '미움'과 '사랑'을 다 초월하

여 '원수를 대하라.'는 진리의 말씀인데 기독교인들은 이를 잘못 해석하고 있다.

자신에게 해를 끼친 사람을 사랑한다는 것은 사실 너무 힘들다. 당신이 원수를 사랑할 수 있다면, 어쩌면 당신은 이미 '중도'를 증득한 붓다의 경지에 있는지도 모른다. 하지만 나는 성경의 '원수를 사랑하라.'와 불교의 '중도사상'을 전적으로 부정한다.

자신에게 해를 끼친 '원수를 사랑하라.'는 건 기독교의 허황된 가르침이라 할 수 있다. 그런데 어떤가? 기독교인들은 신자들에게 "원수를 사랑하라."고 설교하면서도 정작 그 원리를 가르쳐주기는커녕 오직 강요만 하고 있다. 심지어 원수를 증오하면서도 '원수를 사랑하라.'고만 하는데 이것은 오늘날 기독교가 안고 있는 심각한 모순이다. 만약 우리가 이런 원수를 사랑한다면 어쩌면 이 세상은 살인자, 강도, 사기꾼, 도둑들이 넘쳐날 것이다.

이 세상에서 가장 위대한 것은 '사랑'인데 하필이면 성경은 '사랑'을 '원수'에 갖다대고 있는 것이다. 기독교인들은 교묘하게 '사랑'을 종교적으로 이용하여 모두를 현혹하고 있는 것에 불과하다. 그들은 '원수를 사랑하라.'고만 강요하지 '원수'를 '사랑할 수 있는 방법'을 모르고 있는 것은 아닐까?

어찌 보면 '원수를 사랑하라.'는 말은 거룩한 것 같기도 하고, 때론 깊고 오묘한 것 같지만 사실은 매우 위험한 설교이다. 만약 누군가가 "자식을 빼앗은 원수를 사랑할 수 있는가?"라고 당신에게 묻는다면, 어떤 대답을 할 수 있을까?

몇 해 전, 세월호 침몰로 인해 400여 명의 꽃다운 아이들이 소중한 생명을 잃었다. 그때 학부모들은 원인을 제공한 선장과 이 나라의 정부에 대해 어떤 감정을 지녔을까? 그런데도 기독교인들은 지금도 '원수를 사랑하라.'고 목이 터져라 설교하고 있다. 듣고 보면 참 좋은 말이기도 하지만, 부모들의 가슴에 대못을 박는 말이다. 자식을 죽인 '원수를 사랑하라.'는 말이 어디 가당키나 한 소리인가?

사람이 사랑받기 위해서는 먼저 갖추어야 할 것이 있다. 이것을 알면 원수를 사랑하고도 남는다. 오늘 내 강의 요지는 바로 이것이다.

먼저 '원수'의 바른 정의를 알고 난 뒤 '사랑'의 원리를 알아야 한다는 것이다. 기독교인들은 '음주운전 사고로 남의 생명을 빼앗은 사람, 누군가가 힘들게 번 돈을 사기친 사람, 재물을 도둑질한 사람, 누군가에게 부도의 원인을 제공한 사람'을 원수로 본다. 이것은 단지 원수의 껍데기만을 보고 정의를 내린 것에 불과하다.

기독교인들은 "원수를 사랑하라."라고 무조건 외치고 있지만, 사실 그들은 원수가 아니라 한갓 범죄자일 뿐이다. 그러니 당연히 법의 심판을 받게 해야 한다. 또한 그런 설교는 피해자의 입장을 전혀 고려하지 않는 것이다.

기독교인들의 말처럼 "원수를 사랑하라."는 건 먼저 원수를 용서해주었다는 것인데 왜 함부로 용서를 해줘야 하는가? 피해자가 용서를 빌지도 않았는데 오히려 사랑하라는 건 허무맹랑한 소리에 지나지 않는다.

내가 생각하는 진짜 원수는 전생에 빚진 인연의 고리로 인해서 현생에 만난 사람이다. 그러므로 '원수를 사랑하라.'는 말의 진정한 의미는 현생의 '원수'가 아니라 전생의 '원수'를 사랑하라는 것이다. 그리고 그 원수를 현생에 만나서 사랑해야만 전생의 업을 지울 수가 있다.

그럼, 전생의 원수는 누구일까? 남편이나 아내, 혹은 자식이나 형제, 친구이다. 그들은 전생에 지은 업을 서로 갚기 위해 현생에 만난다. 그러므로 '원수'는 나와 가장 가까이 있는 사람을 가리키며 항상 사랑스러운 모습으로 다가오는 사람이다. 그래서 사랑하면 서로 원수가 되는 것이다.

부부싸움을 하는 부부들이 가끔 하는 말이 있다.

"저놈의 영감, 저놈의 원수 덩어리 빨리 안 죽나."

심지어 자식이 애를 먹일 때 하는 말이 있다.

"저 원수 같은 놈, 누구 닮았지."

비록 원수이지만 답답할 때 내뱉는 말속에 깊은 애정이 들어 있다. 그렇지 않은가? 이처럼 원수는 트릭을 쓰면서 사랑스럽게 다가온다. 이때 원수를 사랑하면 행복해진다.

원수이면서도 사랑스러운 존재가
바로 부부이다

부부간의 정(情)은

어느 날 갑자기 깊어지는 것이 아니라

사랑하고 미워하는 가운데 깊어지는 것이다.

하루는 어떤 부부가 찾아와서 상담을 요청했다. 부부가 싸우는 소리에 이웃들의 신고로 허구한 날 경찰서를 들락거렸다고 했다. 이웃에 민폐를 끼쳤으니 당연하다. 이러다간 평생 원수가 될 것 같아서 고민 끝에 나를 찾아왔다고 했다.

산발한 백발과 흰수염을 기른 내 모습을 보고는 처음엔 이상한 사람으로 생각했다고 한다. 그런데 나의 강의를 듣고 난 뒤 크게 감동을 받은 것은 물론, 부부 생활에도 많은 변화가 생겼다고 한다. 어쨌든 나로서는 아주 고마웠다.

"지금은 두 분이 사이좋게 지내나요?"

"아입니더. 지금도 만날 싸우지예. 하지만 옛날처럼 무식하게 싸우지는 않아예."

부인이 경상도 사투리로 대답했다.

그 말을 듣고 난 뒤 나는 이렇게 말했다.

"허허. 두 분은 전생에 큰 빚을 서로에게 지고 있는가봐. 그러지 않고서야 어찌 눈만 뜨면 싸우겠소."

우리는 살면서 누군가를 사랑하고 누군가는 원수로 여긴다. 최고의 원수지간은 전생에 가장 빚을 많이 진 사람인데 현생에는 이들이 대개 부부로 만난다. 전생에 서로 빚을 졌으면 현생에는 갚으면서 살아야 하는데 오히려 뜯어먹고만 살려고 하니 싸움이 일어날 수밖에 없다.

부부가 이혼하는 가장 큰 이유는 겉으로는 바람피워서, 돈을 못 벌어서, 사업에 실패해서라지만 꼭 그것만은 아니다. 성격차이가 가장 크다. 서로 아끼고 배려하는 부부는 절대로 이혼을 하지 않는다.

그럼, 부부가 서로에게 진 빚을 갚으려면 어떻게 하면 될까? 돈을 많이 벌어다 주는 것, 맛있는 밥을 해주는 것? 아니면 평생 상전처럼 모시는 것일까? 이렇게 다 해줘도 전생에 서로에게 진 빚을 다 갚지 못한다.

사람들은 빚을 갚으라고 하니까 먼저 이런 방법들을 생각하지만, 사실 그건 빚을 제대로 탕감하는 방법이 아니다. 정확히 빚을 다 갚으려면 상대방을 위해 자신을 희생하는 것이 아니라 자신의 위치에서 남편은 남편으로서, 아내는 아내로서 자신에게 주어진 책임을 다하는 것이다.

말하자면 부부가 행복하게 살려면 전생에 서로에게 진 빚을 갚으며 산다고 생각하면 된다. 돈을 많이 벌어주거나 맛있는 것을 사주는 게 아니라 속 썩이지 않고 서로에게 믿음을 갖도록 행동하는 것이다. 부부간에 믿음이 약해지면 마음이 멀어지고 몸이 멀어지게 된다. 이쯤 되면 부부가 아니라 정말 원수지간이 되는 것이다.

남편이 평소에는 애를 먹이다가 어느 날 갑자기 아내에게 5백만 원이라는 거금을 주면 그게 사랑인 줄 알지만 결코 아니다.

부부간의 정(情)은 어느 날 갑자기 깊어지는 것이 아니라 사랑하고 미워하는 가운데 깊어지는 것이다. 지금 아내가 무엇을 정말 원하고 있는지, 남편이 원하는 것이 무엇인지 세심하게 상대방의 마음을 살피고 그에 보답하는 것이 바로 사랑이다. 너무 어렵게 생각하지 마라.

부부간에 가장 중요한 것은
신용이다

부부간의 신용은 사랑보다 더 중요하다
신용이 사라지면 육체적인 사랑도 멀어진다.

부부는 평생 한 이불을 덮고 사는 소중한 사이이다. 생각해보라. 자식도 자라면 부모 품을 떠나 제 갈 길을 가지만, 검은 머리가 백발이 되도록 함께하는 존재가 바로 부부이다. 이토록 오랜 세월을 함께하는 사이가 또 어디에 있으며, 얼마나 귀한 존재인가. 그런데 요즘 부부들은 남편과 부인이 얼마나 소중한 존재인지 서로가 잘 모르는 것 같다. 세상이 왜 이렇게 되었을까?

우리나라는 매우 가부장적인 토대 위에 남성 위주의 혈연관계로 촌수가 짜여 있다. 부모와 자식 간은 일촌, 형제자매는 이촌,

부모의 형제자매와 나 사이는 삼촌, 형제자매 사이에 난 자식끼리는 사촌이다. 부부는 피 한 방울 섞이지 않았으므로 무촌이다. 그래서 부부는 돌아서면 남남이라는 것이다. 따라서 자식은 혈연으로 맺어진 관계이고 부부는 사랑으로 맺어진 사이이다.

그런데 살아온 환경이 다른 남녀가 만나서 사니 처음에는 삐걱거릴 수밖에 없다. 하지만 서로 맞추면서 살다보면 마음이 맞아서 저절로 '부창부수(夫唱婦隨)'가 된다. '부창부수'는 남편이 노래를 부르면 부인이 따라 부른다는 뜻의 '사자성어(四字成語)'인데 남편이 하고자 하는 일을 부인도 따라서 함을 가리킨다. 화합이 잘 되는 부부로서 뜻과 행동이 일치하는 부부를 가리킨다. 이런 가정은 뭘 해도 잘된다.

그러므로 부부에게 가장 중요한 건 서로에 대한 신용과 신뢰다. 신용은 은행에서만 필요한 게 아니라 사실은 부부 사이에 가장 필요한 것이다. 부부 사이에 신용이 바탕이 되지 않으면 사사건건 시비가 붙고 나중에는 남편 따로 부인 따로 놀게 되면 자식들까지도 따로 놀게 되어 결국 콩가루 집안이 되기 쉽다. 심지어 남편이 무슨 일을 하려고 하면 시작도 하기 전에 부인이 반대부터 한다.

"또 지랄하네. 그만큼 말아먹었으면 됐지, 또 뭘."

"허, 이번에는 진짜라니까."

"귀신 씨나락 까먹는 소리 그만해요."

이쯤 되면 부부가 아니다. 그동안 내가 상담해본 결과, 의외로 이런 부부들이 무척 많았다. 이런 가정에서 자란 아이들은 문제아가 되기 쉽고 인성도 바르지 못하다. 어떤 경우에도 부부는 아이들 앞에서 절대로 싸우면 안 된다.

'부창부수'의 마음으로 부부가 서로를 배려하고 아끼고 화합하고 사랑하면 그 마음이 바로 아이들에게 전달되어 바른 인성이 갖추어지고 장래도 밝다. 그리고 평소 상대방에게 신용을 쌓아두면, 무엇을 하든지 간에 쉽게 의견을 도출할 수 있다. 따라서 부부가 행복하려면 무엇보다 서로 간의 신뢰가 가장 중요하다. 신용이 없으면 아무리 좋은 일이 있어도 상대방에게 믿음을 심어줄 수가 없다. 때문에 부부간의 신용은 사랑보다 더 중요하다. 신용이 사라지면 육체적인 사랑도 멀어진다.

부부지간은 아무리 사소한 일이라도 서로 의논하는 것을 원칙으로 삼아야 한다. 대책 없이 한쪽에서 막 나가게 되면 결국 파경(破鏡)에 이를 수밖에 없다.

더구나 부부가 행복하려면 서로에게 진 전생의 업을 소멸해야 하는데 전생에 진 빚은 고사하고 갚을 기회조차 영원히 사라지게 된다. 지금이라도 서로에게 신용과 신뢰를 쌓아라.

부부간에도 함부로 사과하지 마라

사랑과 이해, 배려가
바탕이 되어야만
진짜 좋은 부부이다.

　우리는 수많은 사람들과 관계를 맺고 살아간다. 관계의 의미는 둘 이상의 사람과 서로 소통하고 교류를 가지는 걸 말한다. 그중에서 가장 가까운 사이가 부부관계다. 특히 부부는 사회를 이루는 가장 기초적인 구성원으로서 서로 간의 신뢰가 무너지면 가정이 흔들릴 수밖에 없고, 이것이 자녀의 불안감으로 이어져 우리 사회가 위협받을 수 있다. 따라서 건강한 사회가 되기 위해서는 가정이 화목해야 한다.

그런데 어떤가? 오늘날 우리나라의 이혼율은 세계 3위라고 한다. 주된 이혼 사유는 가정폭력과 불륜, 시댁 식구와의 갈등, 경제적인 이유라고 한다. 주목해야 할 사실은 가정폭력이다. 아직도 우리나라는 가부장적인 성향이 강하기 때문에 남편에 의한 폭력이 많이 발생하고 있고 그런 까닭에 법은 가정폭력을 엄격하게 다루고 있다.

하루는 한 중년 부인이 남편과의 갈등으로 고민하다가 상담하러 온 적이 있다.

"선생님, 저는 거의 매일 남편과 싸웁니다. 도무지 어떻게 하면 싸우지 않고 행복하게 살 수 있을까요?"

부인에게 물었다.

"도대체 싸우는 이유가 뭐죠?"

"이유를 잘 몰라서 답답합니다. 남편에게 표현을 잘 하지 못하는 성격 탓도 있지만, 남편은 성격이 매우 급해서 작은 일에도 버럭버럭 화를 잘 냅니다. 아이의 교육에도 안 좋아서 제가 먼저 지쳐서 사과합니다. 원인은 남편에게 있는데도 제가 먼저 사과하는 게 잘못된 일일까요?"

잘못도 없는데 아이가 볼까 봐 마지못해 사과하는 것은 오히려 더 나쁜 결과를 초래하기에 나는 부인에게 이렇게 조언을 했다.

"아무런 잘못도 없는 사과는 그저 시간을 벌어줄 뿐, 오히려 남편의 기를 더 세워주는 일이지요. 그렇게 되면 남편은 정말 자신이 잘한 줄 알게 되고, 이것이 반복되면 부인이 오히려 남편에게 약점이 잡혀서 화내는 버릇을 영원히 고칠 수가 없습니다. 또한 남편의 화내는 버릇을 정당하게 도와주는 꼴이 되고 나중엔 폭력으로 이어질 우려가 있지요. 그러므로 잘못한 일이 없으면 절대로 사과하지 마세요. 남편이 잘못을 인정하고 사과할 수 있도록 조치를 취해야 합니다. 그리고 남편이 폭행을 하면 먼저 경찰에게 도움을 요청하세요. 그러지 않고서는 남편의 버릇을 고칠 수 없어요. 진정한 사과는 정말 잘못한 일이 있을 때 해야지, 잘못도 없는데 단순히 아이를 위해서 사과하는 건 결코 안 됩니다. 갈등의 원인이 사과하는 부인 쪽으로 돌아갈 수밖에 없습니다."

중년 부인은 고개를 끄덕였다.

그리고 나는 재미있는 예를 하나 들었다.

"한 신혼부부가 있었는데 부인은 성격이 급하고 왈가닥인 데 반해 남편의 성격은 온순하고 부드러웠습니다. 하루는 남편이 일을 마치고 오랜만에 옛 친구를 만나 술 한잔하다가 전화도 하지 않고 좀 늦게 귀가했지요. 부인은 무척 화가 나 있었습니다. 남편이 "늦어서 미안하다."고 사과했지만 부인은 볼펜과 종이를 가지고 와서 버럭 화를 내면서 "다음부터는 늦게까지 술을 마시지 않겠다."고 각서를 쓰라고 했습니다. 남편은 별 생각 없이 각서를 써주었다고 합니다. 그런데 그 후부터 남편이 자기의 심기를 조금만 건드려도 부인은 각서를 쓰라고 요구했고 그때마다 남편은 각서를 썼다고 합니다. 화를 내지 않겠다고, 시댁에 돈을 보내지 않겠다고, 용돈을 아껴 쓰겠다고, 심지어 술친구들을 만나지 않겠다고 그때마다 각서를 쓰고 상황을 마무리했답니다.

부인은 닦달하면 일언반구도 없이 각서를 쓰는 남편의 행동이 재미있었는지 자꾸 각서를 요구했는데 그러다 보니 신혼의 재미는 사라지고 각서를 쓰는 것이 버릇이 되었습니다. 물론, 남편도 재미로 각서를 썼다고 합니다.

몇 년이 흐른 뒤, 부인의 서랍에는 남편이 쓴 각서가 수북하게 쌓여 있었습니다. 어느 날 부부지간에 중대한 사건이 발생했습니다. 남편이 다니던 회사가 경영난을 겪으며 갑자기 실직하게 되는 청천벽력 같은 일이 일어났습니다. 남편은 새 직장을 얻기 위해 노력했지만 취직이 되지 않아서 술로 때우는 날이 많아졌습니다.

결국, 부인이 대신 일을 시작하고부터 서로에게 소홀하게 되었습니다. 그런데 부인은 옛 남자친구와 외도까지 저질렀고 남편이 이 사실을 알게 되었지요. 부인은 외도한 사실이 발각되자 적반하장으로 남편에게 이혼소송과 위자료를 요구하게 되었다고 합니다. 먼저 가정을 깬 사람은 부인인데도 법원은 이혼의 모든 책임을 남편에게로 돌렸습니다. 왜 그럴까요? 그동안 부인에게 써준 각서가 증거물이 되었던 것입니다. 남편은 정말 미치고 환장할 노릇이었지요.

가장 문제가 된 것은 각서 중에 써준 언어폭력이었습니다. 백

수 생활이 지속되는 것을 보고 부인은 사사건건 남편을 못마땅하게 생각하고 있었는데 이것이 부부싸움으로 번져서 서로 욕하고 싸웠던 것입니다. 그때마다 남편은 가정의 평화를 깨지 않기 위해 다시는 언어폭력을 하지 않겠다고 각서를 써 주었던 것입니다. 상황을 보면 둘에게 모두 잘못이 있는데도 법원은 오직 남편의 언어폭력만을 문제 삼아서 이혼은 물론, 위자료를 주라고 판결했던 것입니다.

사과도 해야 할 때와 하지 않아야 할 때가 있습니다. 이럴 때 필요한 것이 바로 지혜입니다. 부인이 각서를 요구하면 지혜를 발휘해서 설득해야 합니다. 한쪽은 각서를 써주고 한쪽은 증거가 없으니 당연합니다. 부인에게 써준 각서가 오히려 화근이 되어 돌아왔던 것이지요.

부부간에는 서로를 믿고 의지하는 것이 가장 중요합니다. 남편이 부인을 믿지 못하고 부인이 남편을 믿지 못한다면 콩가루 집안이 될 수밖에 없습니다. 한쪽만 잘한다고 해서 관계가 유지되는 것도 아닙니다. 사랑과 이해, 그리고 배려가 있어야 진짜 좋은 부부가 됩니다. 한 이불을 덮고 산다고 해서 무조건 서로를 이해한다고 믿어서도 안 됩니다. 부부싸움은 칼로 물 베기라고 하지만 때로는 칼보다 더 무서운 것이 바로 부부 사이입니다."

내가 이야기를 끝내자 많은 분들이 고개를 끄덕였다.

불의를 보면 참지 못하는 것은
어리석은 사람이다

사기를 당하거나 도둑을 맞는 것도

자신이 원인을 제공한 것이므로

자신에게도 일말의 책임이 있다.

어떤 중년 여성이 상담 요청을 했다. 남편이 '불의'를 보면 참지 못해서 큰 사고를 친다는 내용이었다. '불의'는 사람의 도리에 벗어나 옳지 않은 일을 행하는 걸 말하는데 그로 인해서 남의 심신 (心身)에 상처를 주거나 재산상 손해를 끼치는 일을 의미한다.

남편은 직장 상사가 도리에 맞지 않는 부당한 일을 지시하면 그걸 참지 못하고 화를 버럭 내거나 어떤 때는 조그만 일에도 마음에 상처를 받기도 하고 자신이 경솔했다고 반성을 하지만 그때뿐, 시간이 지나면 또다시 그런 일이 발생한다고 한다.

화를 잘 내는 사람은 어떤 성격을 지니고 있으며 그 원인은 무엇 때문일까? 사람은 '지혜의 질량'에 따른 자기만의 에너지를 각자가 가지고 있다. '지혜의 질량'이란 지식과 지성으로 축적된 '지혜의 무게'이다. 이것은 돈이나 명예를 많이 가졌다고 해서 생겨나는 것이 아니라 제도권 교육과 사회적 교육을 통해서 많이 읽고 배우고, 깊이 사유하는 가운데 자연스럽게 축적되는 것이다.

그런 까닭에 타인이 행한 '불의'를 보고 참지 못해 순간적으로 남편이 화를 내거나 돌이킬 수 없는 행동을 하는 것은 그가 가지고 있는 '지혜의 질량'이 낮아서 생기는 현상으로서 '불의'를 보고 그것을 해결할 마땅한 지혜를 가지고 있지 않기 때문에 이런 무분별한 행위가 일어나는 것이다.

만약 '불의'를 목격하게 되면 먼저 그 원인을 파악하고 주위 환경을 고려한 뒤, 이를 깊이 관찰한 후 심사숙고 끝에 행동에 나서야 함에도 불구하고 무턱대고 '불의'에 저항하게 되면 오히려 상처를 입는 사람은 상대방이 아닌 바로 자기 자신이다. 나중에는 모든 비난의 화살이 자신에게로 돌아와서 상대방보다 더 큰 화를 입을 수도 있다.

우리는 지금 눈부신 과학의 시대에 살고 있다. 그중에서 가장 뛰어난 과학적 성과는 '질량보존의 법칙'이다. 그런데 이 '질량보존의 법칙'이 우리 생활 속에서도 적용되고 있다는 사실이다. 불교의 인과법인 '이것이 있으므로 저것이 있다.'와도 상통한다. 원인이 있으면 반드시 결과가 있다.

'불의'를 저지른 사람의 에너지 질량이 만약 −100이라고 한다면 내가 그 사람의 편을 들게 되면 나에게도 그 질량이 은연중에 옮겨와서 작용하게 된다. 그리고 그 불의에 동조함으로써 나중엔 그가 가지고 있는 마이너스 질량이 모조리 나에게로 와서 그가 0이 되고 내가 −100이 될 수 있다는 뜻이다.

에너지의 질량은 주위 환경에 따라서 시시각각 변하므로 '불의'를 보고 단순히 주관적인 감정으로 함부로 판단하면 자신이 큰 화를 당할 수가 있다. 반대의 경우도 마찬가지이다. 그러므로 어떤 상황에 대해서 '옳다 그르다.'라는 분별에 관한 것은 그 상황에 대한 주위의 옳고 그름에 대한 답이 아직 나오지 않았으므로 '불의'를 보고 순간적으로 못 참아서 행동으로 옮기는 건 도리어 큰 손해를 볼 수 있기 때문에 서둘러 판단하지 말고 매사에 신중해야 한다.

이것이 바로 '지혜의 질량'이다. 자신의 생각에는 '이게 답인데' 할지 몰라도 환경과 사회의 답은 그게 아닐 수도 있다는 얘기다. 말하자면 지금까지 자신이 보고 듣고 느낀 것만으로 판단하지 말라는 것이다. 내가 눈으로 본 '불의'는 혹 '불의'가 아닐 수도 있다는 얘기다. 이것이 인생을 살아가는데 얼마나 중요한 요소가 되는지 알아야 한다. 그럼에도 불구하고 화를 내는 것은 어떤 '분의'를 보고 순간적으로 자신의 잣대로 '옳고 그름'을 분별하였기 때문이다.

내가 재미있는 예를 하나 들어보겠다.

어떤 사람이 깡패에게 심하게 맞고 있었다. 지나가던 사람이 그걸 보고 못 참아서 용기를 내어 한마디했다.

"힘없는 사람을 때리면 안 되잖습니까?"

"이봐, 그냥 조용히 갈 것이지 뭔 상관이야. 이 사람은 맞을 짓을 해서 맞는 거요."

"아무리 맞을 짓을 해도 사람을 길거리에서 때리면 됩니까?"

그랬더니 순식간에 주먹이 날아와서 한 대 얻어맞았다.

우리가 이런 상황에 처하게 되면 어떤 처신을 해야 할까? 요즘에는 남의 싸움에 잘못 끼어들었다가 오히려 큰 낭패를 볼 수 있다. 그냥 조용히 112에 신고하면 된다. 이것이 현명한 방법이다.

자신의 입장에서 보면 폭력을 사용하는 사람이 깡패이고 맞는 사람이 선의의 피해자라고 생각할 수 있지만 모든 싸움에는 근본적인 원인이 있다. 그것을 제삼자가 판단하는 것은 어떠한 경우에도 금물이다. 시시비비를 모두 가려보면 희한하게도 한쪽 잘못이 70%, 또 다른 쪽 잘못이 30%가 나온다. 양쪽에 똑같은 잘못이 있으면 절대로 싸움이 일어나지 않는다. 그러므로 지금 상황에서는 잘한 사람도 30%는 잘못이 있다는 뜻이다.

왜 그럴까? 잘못이 없다고 하더라도 일단 싸움이 시작되면 어느 누구든지 30%의 잘못이 발생하기 때문이다. 모든 싸움은 어느 한쪽의 잘못으로 인해 벌어진다. 하지만 일단 싸움이 시작되면 그 책임은 그 순간 두 사람이 동시에 지게 된다. 때문에 폭력을 멈추게 하려면 공권력의 힘을 빌리는 것이 최선의 방법이다. 그래야만 더 큰 폭력을 예방할 수가 있다. 그러니까 '불의'를 보고 그걸 자신이 해결하려고 노력하지 말라는 것이다. 싸움이 끝나려면 그 원인을 제공한 자가 먼저 '사과'를 해야 한다. 그러니까 답답한 사람이 잘못한 것이라 할 수 있다.

부부싸움도 마찬가지로 만약 남편이 원인을 제공했다면, 부인의 잘못도 있다는 뜻이다. 그리고 그 비율은 각각 70%와 30%이다. 또한 부부싸움도 한쪽에서 사과해야만 끝난다. 이것이 해결이 되지 않으면 결국 부부라도 법에 호소할 수밖에 없다. 만약 부부가 법원까지 간다면 그길로 이혼할 수밖에 없다.

예를 하나 더 들어보자. 어떤 사람이 도둑을 맞았다. 그런데 답답한 사람은 도둑놈일까, 피해자일까? 도둑놈은 하나도 답답하지 않고 도둑맞은 사람이 답답하다.

'아이고! 내가 왜 문단속을 제대로 하지 않고 외출을 했을까?'

후회하지만 이미 때는 늦다. 도둑맞은 사람의 잘못도 있다는 뜻이다. 내가 이러한 말을 하는 이유는 잘못을 저지른 사람도 원망스럽지만 사실은 그 책임이 자신에게도 30%는 있다는 것이다. 따라서 먼저 자신의 잘못을 생각하고 상대방의 잘못을 물어야 한다.

도둑맞고 나서 도둑을 욕한다고 문제가 해결되지 않는다. 나중에 경찰이 도둑을 잡았다고 하더라도 도둑맞은 것을 하나도 찾지 못할 수도 있다. 도둑이 유치장에 있는 것은 잠시 도둑질을 쉬고 있는 것에 불과하다. 그러니까 도둑맞지 않으려면 사전에 예방하는 것이 무엇보다도 중요하다.

또한 사기 친 사람과 사기 당한 사람 중 누가 더 답답할까? 답이 딱 나온다. 당한 사람이다. 사기 당할 환경을 만들어놓았으니까 사기꾼이 찾아온 것이다. 환경을 만들어놓지 않았으면 사기꾼이 절대로 찾아오지 않는다. 사기를 당한 사람도 잘못이 있다는 뜻이다. 사람들은 자꾸 사기 친 사람만 욕하는데 사기 친 사람은 그저 신나게 한 건 했을 뿐이다.

그러면 사기를 친 사람은 언제 답답할까? 안 잡히면 좋은데 잡혀서 감옥에 가면 답답해진다. 사기 치려면 경찰에 안 잡히도록 해야 하는데 그게 가능한 일일까? 사기를 잘 쳐서 미꾸라지처럼 법망을 빠져나가면 행복하겠지만, 완전 범죄란 없다. 꼬리가 길면 반드시 잡힌다. 이것이 대자연의 진리이다.

역설적으로 말하면 이 사회에 사기꾼이 존재하는 것을 두고 꼭 나쁘다고만 볼 수는 없다는 것이다. 욕심 많은 사람이 득실거리는 사회를 정화하기 위해 사기꾼이 존재하는 것이다. 그러므로 '불의'를 보면 항상 먼저 상대방의 입장에서 생각하고 대처하는 지혜를 갖추어야 한다. 잘한 것과 잘못한 것도 관점에 따라서 달라지므로 무조건 '불의'를 보고 상대하는 건 어리석은 행동이다.

3부

사람의 에너지는
사람으로부터 얻는다

타인에게 칭찬을 아끼지 말고
타인에게 사랑을 아끼지 말고
타인에게 먼저 베풀고
타인을 절대 적으로 만들지 말고
타인의 입장에서 먼저 생각하라
이것이 성공의 비결이다.

자식은 마음의 뼈를 갈아서
키워야 한다

사람의 몸에는 두 개의 뼈가 있다

동물의 뼈와 마음의 뼈다

부모는 마음의 뼈를 갈아서

자식을 교육시켜야 한다.

오늘날 대한민국을 이끌고 있는 세대는 1950~60년대에 태어났다. 그 시절은 워낙 가난해서 다들 힘들었지만, 누구에게나 기회가 공평하게 주어진 까닭에 열심히 일하면 자수성가를 하거나 고시에 합격해 얼마든지 출세가도를 달릴 수 있었다. 대표적인 예가 바로 노무현 전 대통령이다. 요즘은 그 시절처럼 개천에서 용이 날 일은 거의 없다.

요즘의 대학 진학은 수능시험만 보고 입학하는 정시와 고등학교 종합학력평가제에 의해 진학하는 수시 제도가 있다. 수시는 공부를 좀 못해도 스펙을 쌓으면 얼마든지 좋은 대학에 갈 수 있는 제도인데 부모의 지원으로 온갖 스펙을 쌓기 위해 유명한 강사를 만나거나 학원을 다니면서 1년에 수천만 원씩을 쓴다고 한다.

노무현은 집안이 어려워서 상고를 졸업한 뒤 대학 진학을 하지 않고 혼자 공부해 사법고시에 당당히 합격하고 훗날 대통령까지 된 인물이다. 그런데 지금은 사법고시가 폐지되어 판검사가 되려면 대학은 물론, 학비가 비싼 로스쿨을 나와야 한다. 지금의 제도라면 당연히 노무현 같은 인물이 나오지 못한다. 그러고 보면 오늘날은 돈이 없으면 판검사도 될 수 없다.

심지어 요즘 아이들은 부모가 뒷바라지를 제대로 하지 않고 소홀히 하면 '지들 좋아서 낳아놓고 제대로 키워주지 않는다.'며 원망한다고 한다. 배은망덕하고 몰지각한 소리라고 할 수 있겠지만, 생각해보면 아이들의 말도 일리가 있다. 낳았으면 잘 기르는 것이 부모의 몫이다.

젊은이들이 결혼을 포기하거나 아이를 낳는 것을 주저하는 것도 자식을 낳아서 제대로 키우지 못할 바에야 차라리 낳지 말자는 생각 때문이다.

옛날 우리 부모님들은 네다섯 명이나 되는 자식들을 줄줄이 낳아서 어떻게 다 키워냈을까? 참으로 대단하다는 생각이 든다. 우리 속담에 '자식은 심골(心骨)로 키운다.'는 말이 있다. 부모님들은 자식들을 공부시키기 위해 척추가 휘고 허리가 굽고 손발이 다 닳도록 농사를 지으면서 지극정성으로 자식들을 키웠다.

그것까지는 좋다. 부모로서 자식을 키워줬으면 됐지 자식들에게 "내가 뼈 빠지게 고생해서 너를 이만큼 키웠다."고 자랑처럼 말한다. 사실, 듣기 좋은 말도 한두 번이지 자식들에게는 결코 좋은 말이 아니다. 누가 그렇게 하라고 시킨 것도 아닌데 이걸로 자식들의 환심을 사려는 건 잘못이다. 이런 말로 머리가 다 큰 자식들의 마음을 더 이상 움직이게 할 수 있는 시대가 아니라는 것이다.

부모가 자식을 공부시키는 것은 당연한 도리이고 자식들의 입장에서 봐도 당연한 일인데 부모들이 착각하고 있는 것이다. 이제는 뼈 빠지게 벌어서 자식을 공부시켰다는 말은 자랑거리도 되지 못한다. 그러니 자식들에게 말할 때도 가려서 해야 하고 교육방식도 바꾸어야 한다.

그럼 어떻게 키워야만 자식을 잘 키우는 것일까? 부모는 자식들이 바른 길을 갈 수 있도록 길잡이가 되어주어야 한다.

사람의 몸에는 두 개의 뼈가 있다. 그것은 동물의 뼈와 마음의 뼈다. 부모가 뼈 빠지게 노동하면서 자식을 기른 뼈는 동물의 뼈를 간 것이고, 자식을 향해 마음으로 간 것은 '심뼈[心骨]'다. 부모는 '심뼈'를 갈아서 자식이 원하는 길을 바르게 갈 수 있도록 성장시켜야 한다.

이처럼 자식을 키울 때는 마음의 뼈를 갈아야지 동물의 뼈를 가는 것은 미련한 부모이다. 이 말은 무슨 뜻인가. 부모가 동물의 뼈를 갈아서 노동으로 자식을 공부시켰다는 말은 동물을 키웠다는 말이고, 부모가 마음의 뼈를 갈아서 자식을 키웠다는 말은 진짜 사람으로 키웠다는 의미이다.

그러니 돈으로 자식의 마음을 사지 말고 마음으로 자식을 키우라는 뜻이다. 그런데 어떤가. 부모들이 이를 제대로 깨우치지 못하고 자식들을 가르쳤기 때문에 자식들이 오직 돈과 자동차와 집이라는 물질에만 집착하게 되는 것이다. 이게 다 부모들의 잘못된 가르침의 결과이다.

교육은 '백년지대계(百年之大計)'라는 말이 있다. 눈앞의 성과만 보지 말고 먼 미래를 위해 국가도 학생들을 잘 교육시켜야 한다.

일등은 필요 없다

자신이 귀한 존재임을 아는 아이는
타인도 귀한 존재임을 알기 때문에
언제나 남을 존중한다.

옛날 부모들은 자식이 잘못하면 회초리로 종아리를 때렸는데 맞는 자식보다 때리는 부모들의 마음이 더 아팠다. 자식을 회초리로 때렸던 것이 아니라 마음으로 때렸기 때문이다. 이런 부모의 마음을 요즘 자식들은 몰라도 너무 모르는 것 같다. 심지어 회초리를 들면 달려들면서 반항까지 한다.

"왜 때려요? 말로 해요!"

오죽하면 부모가 자식을 때렸겠는가.

학교도 마찬가지이다. 선생님이 잘못된 행동을 한 학생에게 기합을 주거나 회초리로 때리거나 하면 여기저기서 바로 스마트폰을 들고 찍는 시늉을 한다. 70~80년대만 해도 선생님들은 제자들의 교육에 매우 엄격했다.

옛날엔 부모님과 스승은 동격(同格)이기 때문에 그림자도 밟지 않는다고 했다. 지금은 어떤가. 선생님의 위상이 하늘에서 땅으로 떨어졌다. '격세지감(隔世之感)'이다.

그러다 보니 선생님들도 학생들의 인성교육에는 관심조차 없고 오직 입시교육에만 온 신경을 쓴다. 이러니 학생들이 올바른 인격과 인성을 형성하기가 힘들다. 더구나 학생들은 학원에서 이뤄지는 선행학습 때문에 정작 학교 수업에는 관심조차 없고 수업 중에 코를 골면서 자기가 일쑤다. 그걸 보는 선생님의 마음도 착잡하다.

학생이 잘못된 행동을 하면 선생님이 벌을 주는 건 당연한 일인데도 그저 우두커니 바라보기만 한다. 심지어 학생들은 자신의 행동이 올바른 것인지 잘못된 것인지 스스로 판단조차 못 한다. 어쩌다가 이 나라의 교육이 이 지경에 이르렀는지 생각하면 선생님들도 답답하고 스스로 한심하다고 한다. 이 모든 일은 가정교육의 부재에서 온 것이다. 부모가 자식을 낳았으면 잘 키워서 올바른 인성을 갖도록 가르쳐야 하는데 가정교육이 엉망이니 나라꼴이 점점 이상해지는 것이다. 부모들이 자식들을 잘못 키운 죄가 가장 크다.

어떤 부모들은 자식에게 차 사주고 집 사주고 심지어 법을 어겨가면서 재산을 몰래 증여하는 일이 다반사다. 그러다 보니 자식들은 스스로 돈을 벌 생각은 하지 않고 오직 부모의 재산만을 바라보다가 부모를 죽이는 패륜 범죄까지 심심찮게 일어난다. 이게 다 부모와 선생님의 회초리가 사라졌기 때문이다.

고등학교를 졸업하면 성인이다. 선거권도 만 18세로 낮추지 않았는가. 선거권을 가진다는 건 권리와 의무를 스스로 가지게 되었다는 의미이지만 그들은 독립의 의지를 조금도 가지고 있지 않다. 부모는 자식이 고등학교를 졸업하고 성인이 되면 스스로 세상을 헤쳐나갈 수 있도록 조언만 해주면 된다. 제발 자식을 연약하게 키우지 마라.

'교육(敎育)'이란 단어에는 많은 의미가 담겨 있다. '교(敎)'에는 본받음, 가르침, 알림, 훈계, 학문, 도덕, 종교 등의 의미가 있으며 '육(育)'에는 낳음, 자람 등의 의미가 포함되어 있다. 따라서 진정한 교육의 목적은 바람직한 인격 형성을 통해 자기에게 주어진 인생을 즐겁고 행복하게 살도록 하기 위한 수단을 가르치는 데에 있다. 이를 통해 자신이 가지고 있는 내적인 힘을 발산시켜 행복한 사회를 만드는 데 기여하기 위함이다.

이런 측면에서 보면 사실, 인성교육은 어려운 게 아니다. 나 이외의 모든 사람을 존중하고 위하는 마음이다. 인성교육이 잘돼 자식을 만들기 위해서는 부모와 선생님이 회초리를 아껴서는 안된다.

끝으로 하나의 예를 들어보자. 붓다가 마야부인의 태 속에 있다가 나왔을 때 동서남북으로 일곱 걸음을 딛고 하늘을 향해 손가락을 들고 '천상천하유아독존'이라고 했다. 방금 태어난 아이가 어떻게 걸을 수 있을까? 그만큼 붓다는 신적인 존재라는 의미이다. 하지만 이 말은 인간의 존재가 위대하다는 것을 묵시적으로 일러주고 있다.

'천상천하유아독존'이란 '하늘과 땅에서 가장 귀한 존재가 바로 나'라는 의미를 담고 있다. 자신이 귀한 존재임을 자각하는 사람은 어떻게 세상을 살아야 할지를 바로 안다. 이토록 귀한 존재가 바로 나이다. 그것을 알고 자기를 존중하는 마음이 '자존감'이다.

우리나라가 세계 최고의 국가가 되려면 아이들에게 인성교육을 제대로 시켜 스스로 '자존감'을 갖게 해야 한다. 일등은 필요 없다. 자신이 귀한 존재임을 아는 아이는 타인도 귀한 존재임을 알기 때문에 언제나 남을 존중한다. 교육이 제대로 된 나라가 강하다는 것을 결코 잊지 말자.

돈 벌려고 날뛰지 마라

수의(壽衣)에는 주머니가 없어서
죽을 때는 단 한 푼도 갖고 가지 못한다.

강의를 하다 보면 많은 분들이 정법시대문화재단으로 찾아온
다. 그들 중에는 이름만 대면 단번에 아는 유명한 분들도 있고,
부자들은 물론 수백억 원의 자산가도 있다. 그들은 걱정거리가
전혀 없을 것 같은데도 행복은커녕 불행하다고 하소연한다.

재산이 많으면 부부, 자식, 형제 사이에도 눈에 보이지 않는
'암투(暗鬪)'가 있고 누가 돈을 가져갈까 봐 전전긍긍한다고 한다.
심지어 많은 재산으로 인해 세금 문제가 골치 아파서 괴로운 일
이 한두 가지가 아니라고 한다. 이쯤 되면 돈이 거의 재앙 수준

이라고 한다. 누가 들으면 호강에 겨워서 깨춤 춘다고 할지도 모르겠다. 그래도 사람들은 돈이 많이 있으면 좋겠다고 생각할 것이다.

일반적으론 돈과 재산이 많은 이들을 우리는 부자라고 부른다. 그런데 돈과 재산이 많다고 해서 그들이 하루에 열 공기씩 밥을 먹을까? 음식을 폭식하면 얼마 살지도 못하고 저 세상으로 가기 쉽다. 이렇게 생각하면, 부자가 될 필요도 없다. 그저 의식주(衣食住)를 해결하고 남에게 피해를 주지 않을 정도의 돈만 가지고 있으면 된다.

하지만 사람들은 수의(壽衣)에는 주머니가 없어서 죽을 때는 단한 푼도 갖고 가지 못하는데도 기를 쓰고 돈과 재물을 모으려고 한다. 희한한 것은 돈 있는 사람은 돈 불리는 재미에만 빠져서 정작 자신을 위해 쓸 줄도 모른다. 심지어 통장에 찍힌 숫자만 봐도 배가 부르다고 한다. 사람 있고 돈 있는데도 마치 돈이 전부인 것처럼 알고 있다.

도대체 왜 그럴까? 돈 좀 있다고 과시하기 위함은 아닐까? 돈은 쓰기 위해서 버는 것이지 쌓아놓기 위해서 버는 것이 아니다. 옛말에 '돈은 개처럼 벌어서 정승처럼 쓰라."고 했다. 이것은 푼돈은 아끼고 필요한 곳에 제대로 돈을 쓰라는 가르침이다. 그래서 어려운 사람을 위해 베푸는 사람이 진짜 부자다. 그 대표적인 부자가 경주의 최진립이었다.

그는 흉년엔 논밭을 사들이지 못하게 했으며 며느리에게는 3년 동안 무명옷을 입게 하고 자기 집에서 사방 100리(里) 안에는 굶어 죽는 사람이 없게 하라고 했다. 쌀 생산량이 1년에 약 3천 석이었는데 1천 석은 집안을 위해 사용하고, 1천 석은 찾아온 손님에게 베풀고, 나머지 1천 석은 주변의 어려운 이들에게 나누어 주었다고 한다.

붓다와 예수도 남을 의식하지 않는 삶을 살았다. 그들은 물질에 전혀 관심이 없었으며 오직 남을 위해 '어떻게 살 것인가?'를 고민했던 위대한 '성자'들이었다. 이처럼 진짜 부자는 참된 삶을 구하는 '현자(賢者)'들이다.

나는 상담하러 온 부자들에게 종종 이런 말을 건넨다.

"행복해지려면 손에 쥔 것을 놓아버리세요. 몸에 걸친 옷들을 하나씩 벗게 되면 몸이 가벼워지는 것처럼 마음도 가벼워집니다. 살만큼 살았고, 돈도 재물도 명예도 있으니 이젠 이것들을 하나씩 내려놓고 나면 지금보다 훨씬 편안해질 겁니다. 진짜 부자는 돈과 명예보다 남들로부터 존경받는 사람입니다."

그럼, 어떤 사람이 진짜 부자일까? 남들보다 잘하는 것이 하나만 있어도 부자이다. 예를 들면 운동을 잘하는 사람, 노래를 잘 부르는 사람, 글을 잘 쓰는 사람, 자신의 일에 최선을 다하는 사람이 진짜 부자인 것이다.

돈은 아무에게나 오지 않는다. 정주영, 이건희 같은 큰 부자들은 정상적으론 되기도 힘들거니와 '천복(天福)'이 있었기에 가능했다. 그들은 부자가 되기 위해 일한 게 아니라, 자신에게 주어진 일을 열심히 하다보니 자신도 모르게 부자가 되었던 것이다. 세상에서 가장 어리석은 사람은 부자가 되기 위해 돈 벌려고 날뛰는 사람이다.

큰 부자는 하늘이 내린다. 진짜 부자가 되려면 먼저 사회 속에서 활용될 수 있는 나를 갖추고 기다려야 한다. 자신의 자리에서 최선을 다하고 누구에게나 인정받는 사람으로 나를 갖춰놓는 일이 무엇보다 중요하다. 그러면 언젠가는 좋은 인연이 다가와서 당신을 부자로 만들어 줄 것이다.

나에게 괴로움이 생기는 까닭은?

인생을 즐겁게 사는 비결은 아주 간단하다

돈도 명예도 자식도 놓아버리고

내 것이 아닌 것은 모두 놓아버리면 된다.

경제가 어려워서 그런지 요즘, 마음이 불안정하고 괴롭다고 호소하시는 분들이 많다. 그들 중에는 절과 교회, 성당, 심지어 점집에 가서 자신의 괴로움을 호소했다가 도무지 풀리지 않아서 상담하러 오신 분들도 가끔 있다. 한마디로 그분들의 호소를 들으면 딱 기가 찬다. 모든 괴로움의 원인은 자신이 만드는데도 다른 곳에서 이유를 찾으려고 하기 때문이다.

세상에는 공짜가 없다. 죽은 조상의 영혼을 달래는 천도제를 지내면 괴롭던 일이 당장 풀린다고 절에서는 재(齋)값을 요구하고, 하나님에게 십일조를 많이 내면 안 되던 일도 술술 풀린다고 교회는 밤낮으로 떠들고, 무속인은 집안에 액운이 꼈으니 돼지 머리를 얹어 놓고 굿을 하면 만사형통이라고 한다.

그야말로 세상이 요지경이다. 이렇듯 붓다와 하나님과 무속인이 자신의 고민을 풀어줄 것 같아서 찾아가지만 결국에는 돈으로 귀결된다.

바른 성직자의 모습은 신자가 힘든 일로 찾아오면, 그 원인이 무엇인지 함께 알아보고 신자가 더 큰 어려움에 빠지지 않도록 조언을 해야 하는데 그런 바른 성직자를 만나기가 하늘의 별따기처럼 힘들다.

세상의 일이란 건 걱정해서 풀릴 일이라면 걱정하지 않아도 풀린다. 종교도 수요가 있기에 공급이 있는 것이다. 재를 지내거나 하나님께 십일조를 바치면 모든 어려움이 해소될 것이라고 믿는 어리석은 신자들이 더 큰 문제다.

애초부터 괴로움의 원인은 나에게 있고 그 해답도 이미 자신이 가지고 있다. 그런데 왜 사람들은 자신의 괴로움을 두고 그토록 종교에 의지하려는 것일까? 붓다도 '자신에게 의지하고 법에 의지하라[자등명(自燈明), 법등명(法燈明)]'고 했다.

붓다와 예수님의 가르침은 수천 년이 지난 지금도 많은 사람들의 길잡이가 되고 있다. 그리고 성직자는 그분들의 성스러운 가르침을 널리 전파할 의무를 지니고 있다. 신도들이 보시나 헌금을 하는 이유도 바로 이런 가르침을 행하고 전하라는 것이다.

그런데 실상은 어떤가? 성인들의 위대한 가르침을 전하기는커녕 오히려 기복(祈福)을 이용하여 돈벌이만 하고 있다. 그런 성직자들이 신자들의 괴로움을 들어줄 수 없는 건 당연한 일이다. 지금도 매주 많은 신자들이 괴로움과 고민을 풀려고 절로, 교회로, 성당으로, 점집으로 가지만 이런 성직자들이 있는 한 종교의 본질은 퇴색될 수밖에 없다.

심지어 종교가 사회를 걱정해야 하는데 지금은 사회가 종교를 걱정하는 시대가 되어버린 것이다. 심지어 어떤 스님은 신도가 붓다의 본질이 무엇인지도 모르는데 무조건 보시만 하라고 하고, 어떤 목사는 하나님만 믿으면 다 풀린다고 하고, 어떤 무속인은 돼지머리를 놓고 빌기만 하면 어려운 일이 잘 풀린다고 한다. 어려움에 처한 사람을 더 어려움에 빠트리는 짓을 서슴없이 한다. 심지어 종교인들의 꾐에 빠져서 있는 것, 없는 것 다 바치기도 한다. 이것이 오늘날 우리나라 종교의 현실이다.

괴로움을 해소하고 싶다면 종교에 의지하지 않아도 된다. 잘못된 것은 고치고 나쁜 버릇은 버리고 이로운 것은 취하면 된다. 물론, 쉽지만은 않다. 그렇다고 포기할 것인가? 이상하게도 요즘 사람들은 귀가 얇아서 무속인이 이렇게 하라고 하면 이렇게 하다가도 저 스님이 저렇게 하라고 하면 얼른 바꿔버린다. 한마디로 소신이 없다. 이것은 자신에 대한 명확한 믿음이 없기 때문인데 아무도 믿지 말고 자신을 믿는 것이 가장 중요하다. 이렇듯 모든 괴로움의 원인은 나로 인해 빚어지는데도 이를 알지 못하고 남 탓만 하다가 허송세월을 하고 있다.

이런 세상에서 지금 나에게 가장 필요한 사람은 괴로움과 어려움이 무엇인지 정확하게 알고 함께 풀어나갈 수 있는 참된 선지식이며 이 시대를 이끌어갈 스승이다. 하지만 눈을 닦고 보아도 그런 스승이 없다는 것이 실로 안타까울 뿐이다.

스승은 먼 곳에 있는 게 아니라 어쩌면 우리들 가까이에 있는지도 모른다. 그가 누굴까? 지금 내 곁에 있는 이웃과 가족일 수도 있고 나일 수도 있다. 하지만, 우리가 아상과 욕망을 지니고 있는 한 영원히 붓다와 예수를 만날 수 없듯이 스승도 만날 수 없다.

인생을 즐겁게 사는 비결은 아주 간단하다. 지금 손에 쥐고 있는 것을 그냥 놓아버리면 된다. 돈도 명예도 자식도 놓아버리고 한 발짝 물러서서 세상을 관조(觀照)하면 된다. 이제부터라도 내 것이 아닌 것은 모두 버려라. 그러면 괴로움은 결코 생기지 않을 것이다. 나에게 괴로움이 생기는 원인은 내가 만든 번뇌 때문임을 명심하라.

마음이 부자인 사람이
진짜 부자

대자연의 법칙은 공평하다

돈과 명예와 권력을

한꺼번에 다 주지 않는다.

  사람들의 꿈은 오직 부자가 되는 것에 있다. 그런데 부자가 되는 게 어떤 의미인지도 모르고 무조건 부자가 되려고 한다. 도대체 부자란 뭘까? 그동안 나는 부자들을 많이 만났다. 그런데 뜻밖에도 그들은 행복하지 않았다. 나는 그들 중 수백억 원을 가지고 있는 한 70대 노인을 만나서 질문을 한 적이 있었다.

  "당신은 남보다 부자라고 생각합니까?"

  "한순간도 내가 부자라는 생각을 해본 적이 없습니다."

"남들보다 좋은 집과 많은 재산을 갖고 있지 않습니까? 그런데 왜 부자라는 생각을 하지 않나요?"

"남들은 나를 보고 부자라고 하지만 매일 돈 걱정하면서 삽니다. 부자라고 해서 돈이 많은 것 같지만 사실은 내 마음대로 쓸 수 있는 돈이 그리 많지 않습니다."

"왜 그렇습니까?"

"겉으로 보기엔 부자인 것 같지만 쓸 수 없는 자산일 뿐이지요. 부동산으로 묶인 것도 많고요. 그러다 보면 눈만 뜨면 세금 걱정입니다. 남들은 돈이 많은데 무슨 걱정이냐고 생각하겠지만 돈이 많으면 그만큼 나가는 것도 많습니다. 심지어 자식들은 유산을 물려 달라고 서로 싸우기까지 합니다. 돈이 많으면 골치가 더 아픕니다."

"그러면 왜 부자가 되었습니까?"

"어릴 때 못 먹고 못 살아서 부자가 되고 싶었지요. 그래서 오직 돈을 벌기 위해 앞만 보고 달려왔습니다. 그런데 그토록 원하는 부자가 되고 나니 정작 내 것이 하나도 없었습니다. 지금 생각하니 내가 이러려고 돈을 벌었나. 그렇게 살아온 내가 오히려 후회가 되었습니다."

그의 말을 듣고 느낀 것이 많았다. '과연 돈이란 무엇이고 어떤 사람이 부자일까?'

나는 세상에 세 종류의 부자가 있다고 생각한다.

첫째, 재산이 많은 사람이다. 둘째는 명예와 권력이 있는 사람, 셋째는 마음이 부자인 사람이다. 이 중에서 마음부자가 진짜 부자다.

실제로 한국의 부자들은 부동산이나 주식을 많이 가지고 있다. 그러나 지금은 부동산에도 막대한 세금을 먹이고 있고 주식 등 금융소득에도 엄청난 세금을 먹이다 보니 많이 가질수록 줄어드는 것이 재산이다. 그렇다고 당장 매각하면 그만큼 손해를 본다고 한다. 이런 것들이 정말 골치라는 것이다. 또한 자식들의 유산 상속에 대한 증여세 때문에 심지어 범죄자가 되는 부자도 있다. 말하자면 그들 나름대로 엄청난 고민이 있다는 것이다. 명예와 권력은 또 어떤가. 우리나라의 노무현, 이명박, 박근혜 등 전직 대통령들을 보면 권력은 참으로 부질없는 것임을 깨닫는다.

모든 인간의 병은 근심 걱정에서 온다. 재산이 많아도 걱정, 없어도 걱정이다. 그래서 적당한 것이 좋다. 문제는 건강인데 모든 병은 마음에서 온다. 돈이 억만금이 있어도 건강하지 못하면 아무런 소용이 없다. 아픈 후에 이것을 깨달으면 그땐 이미 늦다. 젊었을 때 열심히 일해서 번 재산으로 60대 이후의 노후를 사랑하는 가족들과 하고 싶은 일을 하면서 근심 걱정 없이 사는 것이 진정한 행복이다. 더 큰 행복을 얻으려면 어려운 사람들에게 베풀면서 살면 된다. 그런 사람이 진짜 부자인 것이다. 주위를 돌아보면 의외로 그런 사람들이 많다. 돈이 많다고 해서 꼭 행복하지 않다는 말이다.

대자연의 법칙은 공평하다. 돈과 명예와 권력이 있는 사람은 뭔가 한쪽이 꼭 부족한 것이 있다. 대자연은 한 사람에게 전부를 주지 않는다. 50대 이후의 삶은 돈 많은 부자보다 마음 부자가 되려고 노력하라는 것이다. 그래야만 오래오래 행복하게 살 수 있다.

진리도 쓰일 데가 없으면
휴지와 같다

사람은 자신이 앉은 자리에서
항상 그에 맞는 필요한 답을
가지고 있어야 한다.

'전생'과 '윤회(輪廻)'는 불교와 힌두교의 교리로서 상호 밀접하다. '전생'은 중생이 태어나기 이전의 생을 말하고 '윤회'는 중생이 죽어서 업(業)에 따라 지옥, 아귀, 축생, 아수라, 인간, 천상(天上) 등 육도(六道)를 떠돌면서 생사(生死)를 반복하는 걸 말한다. 전생이 있음을 믿는다는 건, 자신이 윤회를 통해 세상에 다시 태어났다는 것을 인정하는 것이다.

대개 사람들은 '전생'이나 '윤회'는 자신이 경험해보지 못한 것이어서 동떨어진 얘기라고 생각하지만 사실은 현실과 아주 밀접한 관계가 있다.

그래서 오늘 강의 주제는 '종교에서 말하는 전생과 윤회가 현실 속에서는 어떻게 작용하고 있는가'이다.

사람은 누구나 적성과 능력에 따른 다양한 직업을 가지고 있다. 그런데 직업을 갖는 진짜 이유는 뭘까? 일전에 컨벤션센터에서 강의하다가 어떤 청년에게 이렇게 물은 적이 있다.

"왜 당신은 직업을 갖고 있나요?"

"먹고 살기 위해서입니다."

아주 간단명료한 대답인데 틀린 말은 아니다. 직업을 갖는다는 건 먹고사는 문제를 해결하는 생존과 관련된 일이어서 매우 중요하다. 이것이 해결되어야 다른 일들을 할 수 있다. 그런데 가만히 생각해보면 만물의 영장인 사람이 단지 동물처럼 먹고 살기 위해서 직업을 가진다는 게 과연 삶의 궁극적인 이유가 될 수 있을까?

내 말의 요지는 직업은 이 사회 속에서 자신을 드러내는 존재의 수단이 된다는 것이다. 사람은 다른 사람에 대한 평가 기준이 어떤 직업을 갖고 있는지에 따라서 크게 달라지기 때문에 개인의 직업은 매우 중요하다.

그동안 본 바로는 성공하는 사람들의 대다수가 자신이 좋아하는 분야를 직업으로 선택했다는 것이다. 그들은 단순히 먹고 살기 위해 직업을 선택한 것이 아니라 자기 일에 보람과 애착을 가지고 열심히 했던 것이다.

지금 내가 '전생과 윤회'에 관한 이야기를 하다가 뜬금없이 직업으로 화제를 돌린 이유는 개인의 직업이 전생 그리고 윤회와 아주 밀접한 관계가 있기 때문이다. 이 세상에 영원한 것은 하나도 없다. 소위 알짜배기 직업인 국회의원, 교수, 학자. 의사, 변호사, 검사 등도 자신의 직분을 다하지 못하거나 한순간의 잘못된 판단으로 모든 일이 날아가는 것이 요즘 세상이다.

자기 자리에서 최선을 다해도 그 자리를 유지할까 말까 하는데 개인적 욕망 때문에 나락으로 떨어지는 일을 종종 목격한다. 그 대표적인 사람들이 부산시장 오거돈과 충남지사 안희정이다. 공교롭게도 둘 다 미투사건 때문이다. 오거돈은 부산시장이 되기 위해 4전 5기 끝에 당선된 입지전적인 인물이다. 그는 20여 년 동안 절차탁마의 시간을 보내다가 마침내 그 꿈을 이루었지만, 단 5분간의 부적절한 행동으로 모든 꿈이 한순간에 물거품이 되었다. 안희정 지사도 마찬가지이다. 어디 그들만 있을까.

판사나 검사가 자신의 위치에서 제대로 일을 처리하지 않았거나 부당한 일을 저지르게 되면 그들도 결국에는 죄인이 될 수밖에 없다. 대통령도 마찬가지이다. 하루 사이에 뒤바뀔 수 있는 것이 권력이다. 우리는 이명박 전 대통령과 박근혜 전 대통령, 전 정권의 인사들이 수도 없이 감옥으로 가는 것을 목격했다.

이 모든 것이 현실 속의 '전생과 윤회'로 해석하면 일치한다. 그래서 사람은 직책을 맡기 전 과거나 맡은 다음인 현재 자리에서 치명적인 과오를 저지르면 안 된다. 이것이 바로 현실 속의 '전생'이다.

좋은 직책은 늘 '윤회'하면서 돌고 돈다. 거듭 말하자면, 맡은 자리에서 최선을 다한 사람은 설령 그 자리를 비운다고 하더라도 늘 환영을 받는다. 다른 사람이 오더라도 그 자리를 다시 빛내준다. 그렇지 못한 사람은 그림자처럼 잊힐 수밖에 없다.

사람은 자신이 앉은 자리에서 항상 그에 맞는 필요한 답을 가지고 있어야 한다. 그리고 떠날 때는 그 답을 후배에게 물려주고 가야 한다. 물론, 힘들지만 노력해야 한다. 그렇게 되면 세월이 지난 뒤에도 반드시 '공(功)'을 인정받게 된다.

그러나 자신의 자리에서 부정적인 이미지를 남긴 사람은 좋은 시절이 다시 온다고 하더라도 되돌아가지 못하고 인생의 밑바닥에서 살게 될 것이다. 후배들을 위해 해놓은 것이 없으므로 밑바닥부터 시작할 수밖에 없다. 때문에 사람은 자신의 직책과 직분에 맞게 항상 몸과 마음을 잘 다스려야 한다.

말하자면 현실 속에서도 '전생과 윤회'는 작용한다는 것이다. 우리는 전생을 알지 못하고 윤회는 죽어봐야 안다. 이건 무얼 뜻하는가. 결국 종교의 가르침도 현실에 적용할 때 빛난다는 얘기다. 쓰이지 못하는 종교적 진리나 가르침은 단지 요설일 뿐이다. 현실에 적용되지 못한다면 아무짝에도 쓸모없다.

실천하지 않으면
아무것도 얻을 수가 없다

나이 오십, 지천명이 되면
남의 밑에서 일하는 시기가 아니다
하늘의 명에 따라서
자신의 일을 할 때이다.

　창업하려면 철저한 준비는 필수다. 더구나 사업은 지금껏 자신
이 가보지 못했던 새로운 길을 찾아가는 것이므로 막연한 생각
만으로 사업을 시작했다가는 한순간에 자신이 갖고 있었던 모든
것을 잃어버릴 수도 있다.

　그래서 누구나 창업에 대한 두려움을 가질 수밖에 없다. 지나
친 두려움은 오히려 악영향을 끼칠 수 있기 때문에 이럴 때는 차

라리 때를 기다리는 것이 더 좋다. 그래도 사업을 시작하려면 이왕지사, 강한 자신감이 필요하고 자신의 강점을 잘 살리도록 노력해야 한다. 사업을 할 때는 자신만의 강한 '기운'이 필요하다. 그러려면 '사회적 환경'과 '시기'가 딱 맞아야 하고 성공하고자 하는 강한 '열정'이 동반되어야 하는데 그렇지 않으면, 애초부터 사업은 생각조차 말아야 한다. '환경, 시기, 열정' 이 세 가지 중에 단 한 가지라도 충족되지 않으면 100% 실패한다.

여기에서 '환경'은 어떤 사업을 시작하고자 할 때 내가 하고자 하는 일이 지금의 '사회적 환경'과 맞는가이다. 사회 여건상 별로 좋지 못한 시기인데도 억지로 사업을 시작하게 되면 힘들다는 것은 불을 보듯 뻔한 일이다. 그러므로 사업에는 무엇보다 '사회적 환경'과 '시기'가 맞는지를 충분히 고려해야 하는데 이 두 가지의 조건이 완벽히 갖춰지면 마지막으로 자신의 모든 것을 쏟아부을 열정이 있어야 한다. 그렇게 되면, 자금 등 사업 여건은 걱정하지 않아도 저절로 좋아지게 된다.

또한 자신의 '기운'은 사업과 직결되기 때문에 자신이 하고자 하는 사업이 자신의 기운과 맞는지도 고려해야 한다. 이것은 시장(市場)상황과도 밀접하게 맞닿아 있다. 시장이 좋지 않고 시기도 좋지 않은데 무리하게 사업에 뛰어들지 말라는 얘기이다. '환경'과 '시기'가 상황적으로 딱 맞아떨어지고 여기에 자신의 열정이 더해지면 '기(氣)'가 충천해지고 사업운도 자연스럽게 저절로 따라오게 된다.

만약 당신의 사업이 잘 풀린다면 자신의 기운이 왕성하기 때문이고 그렇지 않다면 '사회적 환경'과 '시기'가 맞지 않고 사업에 대한 '열정'이 부족한 탓이다. 그럼 이 세 가지를 갖추려면 어떻게 해야 할까?

항상 '마음그릇'을 넓게 해야 한다. '그릇이 작으면 하늘의 빗물도 적게 받을 수밖에 없듯이' 평소 자신의 '마음그릇'을 넓게 해둬야 많은 것을 담을 수 있다. 마음이 항상 새벽처럼 고요한 사람은 상대적으로 '마음그릇'도 깊고 넓다. 이런 사람은 힘든 상황이 눈앞에 닥쳐도 흔들리지 않고 냉철하게 분석하여 사물을 객관적으로 판단하고 물러날 때와 다가설 때를 스스로 판단할 줄 안다.

하지만 '마음그릇'이 작은 사람은 조금만 어려움만이 닥쳐도 대처하지 못하고 우왕좌왕하다가 제풀에 주저앉는다. 이런 사람의 곁에는 조언해줄 좋은 인연도 없다. 설령 사람이 찾아와도 나에게 좋은 인연인지 나쁜 인연인지를 구별조차 하지 못해서 성공할 기회마저 잃어버린다. 때문에 사람은 항상 내면의 '마음그릇'을 키우기 위해 틈틈이 '마음 공부'를 해둬야 한다. 죽자 살자 열심히 노력하는데도 자꾸 실패를 거듭한다면 한번쯤 자신의 '마음그릇'을 살펴보라.

또한 내가 꼭 당부하고 싶은 것은 남을 의식하는 삶을 살지 말고 자신이 만족하는 일을 하라는 것이다. 사업을 시작할 때는 목표를 정한 뒤 '환경'과 '시기'가 딱 맞는다고 생각되면 과감하게 자신의 꿈을 펼쳐보라.

더구나 나이 오십이 넘어서게 되면 이때는 남의 밑에서 일하는 시기가 아니다. 하늘의 명에 따라서 자신만의 일을 할 때이다. 그래서 나이 오십을 '지천명(知天命)'이라고 하는 것이다. 지금 시대는 자신의 일을 해야 한다.

돈 버는 수단으로 일을 하지 마라

돈 버는 수단으로 일하지 말고,

일 자체에 의미를 두고

즐거운 마음으로 일하라

그러면 저절로 부자가 된다.

컨벤션센터 강의 중에 한 중년 여성이 물었다.

"스승님, 어떤 사람은 하는 일마다 잘되고 어떤 사람은 하는 일마다 장애에 걸린 듯 번번이 실패합니다. 그 이유는 무엇 때문입니까?"

누구는 놀면서 적당히 일해도 잘만 돈을 버는데 누구는 새벽부터 저녁 늦게까지 이를 악물고 일해도 돈이 모이기는커녕, 손해만 본다고 한다.

왜 그럴까? 해답은 바로 자신이 가지고 있다.

우리가 일을 하는 이유는 여러 가지가 있겠지만, 이 세 가지로 압축할 수 있다.

첫째, 의식주를 위해 일을 한다.

둘째, 돈 벌기 위한 수단으로 일을 한다.

셋째, 일 자체가 의미 있고 재미있어서 한다.

지금 당신이 일하는 이유는 어디에 해당될까? 한번쯤 가만히 생각해보라.

입고, 먹고, 머무는 의식주(衣食住) 활동은 인간의 기본적인 생활방식이다. 때문에 의식주에 대한 해결은 매우 중요하다.

하지만 불과 60년 전만 하더라도 우리의 부모 세대들은 절대 빈곤 속의 삶을 살았다. 생계는 곧 가족의 목숨이 달린 당면문제였다. 심지어 병이 들면 돈이 없어서 병원에 가지 못하고 자연 치유에 맡겨야 하는 힘든 삶을 살아온 것이 바로 어제였다.

그러나 21세기에 들어선 지금은 어떤가? 적어도 먹고사는 문제로 걱정해야만 하는 절대 빈곤에서는 벗어나 있고 개인들은 자유와 행복을 갈망한다. 만약 지금의 젊은이들에게 부모 세대들이 겪은 삶을 살라고 한다면 그들은 단 하루도 살 수 없을 것이다.

다시 말해, 과거 우리 부모 세대들이 단순히 의식주 해결을 위해 일을 했다면, 지금은 먹고 살기 위해 일하는 시대가 아니라는 것이다. 단순히 돈 벌기 위한 수단으로만 일을 하는 건, 개인의 행복추구권에서 볼 때 매우 불행한 일이며 자기 성장에도 결코 좋은 일이 아니다. 그럼, 우리는 어떤 마음으로 일을 해야 할까?

돈 버는 수단으로 일하지 말고, 일 자체에 의미를 두고 즐거운 마음으로 일을 하라는 것이다. 이렇게 하면 능률도 배가 되고, 돈도 저절로 모이게 된다. 돈을 벌기 위해 일하면 돈에 발이 달려있기 때문에 도망간다. 그러므로 자신에게 재미있고 의미 있는 일을 가장 먼저 찾아야 한다.

인성교육이 인생을 가른다

기업은 공부 잘하는 젊은이를 원하지 않고
창조적인 젊은이와 예절 바르고
좋은 인성을 가진 젊은이를 원한다.

우리나라의 기온이 보통 '삼한사온(三寒四溫)'인 것처럼 삼라만
상의 기운도 3~4일 간격으로 변하고 인간의 '길흉화복(吉凶禍福)'
도 3~4일 간격으로 생긴다. 이처럼 세상을 살다 보면 나쁜 일도
있고 좋은 일도 있다. 그러니 마냥 힘들다고 투덜댈 필요가 없
다. 대자연은 눈에 보이지 않지만, 3대 7의 일정한 법칙으로 움직
이고 있기 때문이다.

나는 인생을 대자연의 3대 7 법칙에 근거해서 유아기부터 21세

이후인 청년기, 42세 이후인 중년기, 63세 이후인 장년기로 크게 나눈다. 일반적으로 사회에선 인간의 성장연대를 10대, 20대, 30대, 40대, 50대, 60대 이후로 나눈다. 20대까지는 학업에 전념하는 시기이다. 이때는 자신이 미래에 어떤 일을 할 것인가를 결정하는 가장 중요한 시기이다.

한국 부모들은 자녀들의 미래가 어떤 대학에 가느냐에 따라 승패가 결정된다고 생각하는 경향이 아주 짙다. 실제로 90년대 이전에는 명문대 진학이 곧 출세로 이어졌다. 과연 앞으로도 그럴까? 적어도 한국 사회는 그렇지 않을 것이다.

주위를 둘러보면 명문대를 졸업하고 석박사 학위를 취득하고도 제대로 된 직업을 갖지 못한 젊은이들이 너무 많다. 이러한 현상은 갑자기 생긴 것이 아니라 오래전부터 예견된 사실이다. 이것은 개인의 능력보다는 학력만능주의가 빚어낸 하나의 모순이다. 그럼에도 불구하고 우리나라의 교육제도는 여전히 갈팡질팡하고 있고 부모들은 이런 모순된 교육제도에 목매고 있는 실정이다.

나는 한동안 이 문제에 대해서 심각하게 고민한 적이 있었다. 사실, 좋은 대학에 들어간다는 건 남들보다 공부를 조금 더 잘한다는 것뿐이지 모든 능력이 뛰어나다는 의미는 아니다. 그것보다도 더 중요한 것은 개인의 인성과 창조적 능력이다.

대개 한국은 자녀가 한두 명뿐이어서 유아기부터 10대까지 부모로부터 과잉보호를 받다보니 그에 대한 부작용으로 능동성은 없고 수동적으로만 자라왔다. 때문에 작은 문제만 생겨도 그에 대한 대처 능력이 크게 떨어져 있다.

심지어 학교에서 아이에게 책을 읽고 독후감을 써 오라고 하면, 학원에 가기 바빠 책도 읽을 시간이 없는 아이를 대신해 엄마가 책을 읽고 쓰거나 대필 작가에게 돈을 주고 부탁하는 경우도 있다. 덕분에 생전 책을 안 읽던 엄마가 독서광이 되었다는 웃지 못할 일도 생기고 있다고 한다. 우리나라 교육이 이 지경이다.

아이에게 조금만 힘든 상황이 오면 문제를 해결하지 않고 지레 포기하는 경향이 많은 것도 이 때문이다. 또한 부모의 과잉보호로 인해 이기적 성향이 아주 강하고 인성공부가 제대로 되어 있지 않아서 사회와 융합하지 못하는 것은 물론, 적응을 못하는 아이들이 의외로 많다. 심지어 자신이 어떤 일을 좋아하고 자기의 개인적인 능력이 어디에 있는지조차 제대로 파악하지 못하고 있는 실정이다.

다들 대학을 나오다보니 좋은 환경과 높은 연봉을 주는 대기업만을 선호하지만 대기업은 인재가 넘쳐나는 포화상태여서 그들을 제대로 채용하지 못하고 있다. 그와 반대로 고학력 젊은이들이 3D 직장을 회피하는 바람에 유망한 중소기업들은 일할 사람이 없어서 오히려 심각한 위기에 빠져 있고, 이 자리를 외국인 노동자들이 대신하고 있다.

더 큰 문제는 초등학교와 중학교 때부터 창조적인 교육보다는 진학을 위한 주입식 학습에 주력한 결과, 공부는 잘하지만 그들이 현장에만 오면 오히려 창조적인 능력이 떨어져서 도태되는 경우가 많다는 것이다.

따라서 기업은 공부 잘하는 젊은이를 원하지 않고 창조적이고 예절 바르며 좋은 인성을 가진 젊은이를 원한다.

이처럼 지금 우리 사회는 공부만을 잘하는 젊은이를 원하지 않고 있다. 주위를 둘러보면 대학에 가지 않고도 자기 분야에서 뛰어난 재능을 발휘하는 젊은이들이 의외로 많다. 학벌에 얽매이지 않는 시대가 도래한 것이다. 따라서 공부도 중요하지만 개인의 인성공부와 창조적인 능력 배양에 더욱더 힘을 기울여야 한다.

성공하려면
좋은 인연을 만나라

지금 자신의 모습이

초라하다고 좌절하지 마라

자신의 진짜 얼굴은 50대 이후이다.

　사람은 자신의 성품과 성격에 꼭 맞는 인연이 있다. 주위를 둘러보면, 성공한 사람들의 곁에는 좋은 인연들이 많다는 걸 알 수 있다.

　왜 그럴까? 이면에는 학연과 지연, 인맥으로 똘똘 뭉쳐진 끼리끼리 문화가 여전히 자리하고 있기 때문인데 개인의 능력이 어지간히 뛰어나지 않으면 인맥 속으로 들어가기가 매우 힘들다. 이것은 오늘날 한국 사회의 부끄러운 민낯이다. 누가 이런 잘못된 세상을 만들었을까.

더구나 부모로부터 물려받은 재산이 없고 가난한 사람이 사회에서 남들보다 일찍 성공하려면, 남이 지니고 있는 장점을 자신의 것으로 만들고 나쁜 점은 빨리 버려야 하는데 평소 공부가 제대로 되어 있지 않으면 어떤 것이 자신에게 장점이 되는지 판단하지 못한다. 설령, 곁에 좋은 인연이 다가와도 이를 쉽게 알아차리지 못한다.

그런 까닭에 자신이 학연과 지연, 인맥으로 뭉쳐진 그룹 속에 포함되려면 먼저 많이 배워서 지식을 쌓고 '지성'과 '인성'을 갖추고 때를 기다려야 한다. 탄탄하게 공부가 되어 있다면 언제라도 귀인(貴人)을 만날 수 있다. 그렇지 않고 신세한탄만 하고 있으면 오히려 더 깊은 나락으로 떨어질 수밖에 없다.

일찍이 성공하는 사람들의 일례를 뵈도 알 수 있다. 그들은 항상 남의 말에 귀를 기울여서 쓸모없는 말들은 버리고 필요한 말들은 자신의 것으로 만드는 것에 습관화되어 있다. 이처럼 지식과 지성은 하루아침에 쌓이는 게 아니라 많은 독서와 공부로 형성된다. 그래서 자기 공부가 매우 중요하다는 것이다.

20대에 인격과 지성이 제대로 형성되어 있지 않으면, 30대 이후 설령 좋은 만남이 있어도 그 인연이 좋은지 나쁜지 판단하지 못하거니와 심지어 그 사람을 내 것으로 만들지도 못한다. 그러므로 사회에서 성공하려면 먼저 자신이 좋은 사람을 만나기 위한 충분한 지성을 갖추고 있어야 한다.

그런데 요즘 젊은이들은 어떤가? 자신의 생각에만 갇혀서 남의 말은 경청하지도 않고 무시하는 경향이 많다. 심지어 상사들의 말조차 경청하지 않는다. 그런 젊은이는 결코 성장할 수 없다. 그들은 때론 이렇게 말하기도 한다.

"그건 옛날 말이지 요즘은 그렇지 않아요. 구닥다리라구요."

정말 그럴까? 요즘 젊은이들은 노력은 하지 않고 그저 하늘에서 뭔가가 떨어지기만을 기다리는 사고방식을 가졌다. 만에 하나 일이 잘되어 그들에게 일확천금이 떨어졌다고 해도 겸손하지 않고 자기가 잘나서 그런 줄 알고 한껏 뻐기다가 그걸 제대로 간수조차 하지 못한다. 심지어 더 큰 욕심으로 인해 원래 가지고 있던 것조차 다 잃어버린다.

오늘날의 젊은이들은 끈기마저 없어서 오직 눈앞의 것만을 추구하는 경향이 강하다. 최근 코로나19로 주식이 폭락하자 젊은이들이 빚까지 얻어서 몰빵 투자하는 걸 보면 안타깝다. 그렇게 해서 돈을 많이 벌었다고 치자. 그것이 과연 성공한 인생이라고 할 수 있을까? 그런 돈은 반드시 한 방에 잃는다. 돈을 버는 것이 중요한 게 아니라 어떻게 버느냐가 중요하다는 얘기이다.

인생에서 20대는 학업과 인격을 형성하는 시기라고 한다면, 30

대는 사회에 막 눈을 뜨는 시기이다. 이때는 승진과 경제에도 눈을 떠서 돈 벌려는 욕심이 많이 생기지만 그저 몸과 마음만 바쁠 뿐, 뜻대로 되지 않는다. 그러나 30대는 40대 이후의 노후를 위한 한 과정이므로 승진과 돈보다는 먼저 좋은 사람과 인연을 맺는 노력을 하는 것이 더 중요하다. 이때 번 돈은 쉽게 사라지기 때문에 서둘지 않아도 되고 오히려 자신의 성공을 위해 평생 도움을 줄 사람, 혹은 인생에 조언해 줄 사람을 많이 만나는 것이 더 좋다.

내가 거듭해서 젊은이들에게 하고 싶은 말의 요지는 너무 눈앞의 것에만 연연하지 말고 한 살이라도 젊었을 때 자기 공부에 더 많은 투자를 하라는 것이다. 20대까지는 자신에게 주어진 공부에 충실하고 30대에는 좋은 인연을 많이 만나서 사회적 기반을 닦으라는 것이다.

젊을 때 잘나가봤자 아무 소용이 없다. 이때 잘나가는 친구들을 부러워하지 않아도 된다. 40대가 되면 누구나 반드시 대자연으로부터 시험을 당하기 마련이다. 젊었을 때 자기 공부에 충실했던 사람은 무사히 40대를 통과하지만 그렇지 못하면 낙오자가 될 수밖에 없다.

40대에 돈을 많이 벌고 명예를 쌓았다고 해도 또 한 번의 인생 시험을 반드시 치르게 된다. 이를 무사히 통과하게 되면 50대 이후는 안락한 노후를 보낼 수 있다. 그러므로 지금 자신의 모습이

초라하다고 좌절하지 말라. 자신의 진짜 얼굴은 50대 이후임을
우리 젊은이들은 명심하라.

콩 심어 놓고
팥을 기다리지는 않는가

기찻길이 평행하지 않으면 일탈하듯이

인생이란 열차는 누구에게나 공평하다

젊은 시절 자신을 위해 투자하라.

요즘 젊은이들은 국가와 기성세대가 해주는 것이 없다고 불평 불만이 가득하다고 한다. 기성세대가 그들에게 정말 해준 것이 없을까? 전쟁 이후의 부모 세대는 황무지에서 오직 앞만 보고 자식들을 위한 삶을 살아 왔다.

일제강점기와 한국전쟁을 겪고도 불과 70여 년 만에 한국이 세계 10위의 경제대국이 된 것은 부모 세대의 뼈를 깎는 노력 덕분임을 그 누구도 부정할 수 없다. 한강의 기적은 세계에서 자타가 공인한다. 덕분에 오늘날 한국 젊은이들이 풍족한 생활을 누리고 있는 것이다.

내가 이런 말을 젊은이들에게 하면 당장 꼰대라고 말할지도 모르지만 이것은 엄연한 사실이다.

부모들이 습관처럼 자식들에게 하는 말이 있다.

"이놈들아, 나는 너희 나이 때에 어떻게 살았는지 알아?"

물론 강요의 세대를 살아온 부모들이 자유분방한 오늘날의 젊은이들에게 이런 말을 하는 것도 잘못이지만, 그렇다고 젊은이들이 부모 세대들을 함부로 꼰대 취급하는 것도 큰 문제이다.

요즘 젊은이들을 보면 그저 고뇌하기만 할 뿐, 자신의 길을 스스로 개척할 줄 모른다. 심지어 이기적인 성향이 너무 강하다 보니 남에 대한 배려심도 극히 부족하고 의지력도 약하다. 이 모든 것이 어릴 때 수동적으로 키워졌기 때문이다.

국가 교육은 또 어떤가. 요즘은 가정형편이 힘든 학생들에겐 국가장학금이라는 명목으로 학비의 일부를 주기 때문에 돈이 없어서 대학에 진학하지 못하는 경우는 없다고 한다. 하지만 과거 부모 세대들은 대학을 가고 싶어도 학비가 없어서 가지 못했다. 심지어 대학가려면 소를 팔아야 했을 정도였다.

이처럼 요즘의 젊은이들은 충분히 공부할 좋은 여건들을 가지고 있음에도 불구하고 노력은 하지 않고 오히려 불평불만만 늘어놓고 있다. 심지어 누구는 부모를 잘 만나서 금수저로 태어나고 누구는 부모를 잘못 만나서 흙수저로 태어났다고 투덜대는 걸 보면 이 나라의 앞날이 불안할 정도다.

이를 부축이고 있는 언론도 큰 문제다. 어쩌면 이것은 지나친 포퓰리즘 정책으로 인한 부작용 때문인지 모르겠다. 과거 부모 세대들은 스스로 돌파구를 마련하기 위해 밤낮으로 노력했다. 이러한 정신력은 자신의 미래와 성장에 큰 밑바탕이 되었던 것이다.

그러나 옛날과 달리 교육의 기회를 평등하게 부여하고 있으나, 다만 그 기회를 자신의 것으로 만들지 못하고 있는 젊은이들의 마음 자세가 더 큰 문제라는 것이다.

요즘은 '백세 시대'이다. 이토록 긴 세월을 홀로 살아가려면, 자신에게 투자할 시간이 적어도 20년은 되어야 하지 않겠는가. 그렇지 않고 어떻게 백 년이라는 그 긴 세월을 버틸 수 있겠는가. 기초가 탄탄한 건물이 오래 견디듯이 인생도 기초가 탄탄해야 한다. 그저 눈앞의 이익만을 보고 산다면, 노후는 힘들 수밖에 없다.

대자연의 이치는 간단하다. 씨를 뿌린 뒤 물을 주고 잘 갈무리해야 열매를 맺는다. 이처럼 인생도 단단한 기초 위에 기반을 세워야 알찬 결실을 맺을 수가 있다.

인생 설계에서 가장 중요한 때가 바로 20대이다. 행복한 노후를 위해 20대에는 열심히 공부하고, 30대에는 좋은 인연을 만나서 도약을 꿈꾸고, 40대 이후에는 결실을 맺도록 해야 한다.

인생이란 기찻길은 누구에게나 공평하다. 20대에 학업과 인격 형성을 소홀히 한 사람은 40대 이후부터 다른 사람과 엄청난 격차가 벌어질 수밖에 없고, 이때부터 '고단한 인생'과 '순탄한 인생'으로 갈라지게 된다.

다시 한 번 젊은이들에게 묻겠다.

"너는 어떤 인생을 원하는가?"

'콩 심은 데 콩 나고 팥 심은 데 팥 난다'는 속담이 있듯이 그 어떤 노력도 하지 않으면서 무엇인가를 기대하고 있는 건 마치 '콩을 심어 놓고 팥을 기다리는 것'과 같다는 걸 깊이 명심하라.

세월은 화살처럼 빨리 간다

품격을 갖춘 어른이란

대자연의 이치를 아는 사람이다

당신은 어른인가 아이인가.

　인간이 태어나서 늙고 병들어서 죽는 과정을 '생로병사(生老病死)'라고 한다. 이것은 누구나 필연적으로 겪어야 할 운명이다. 또한 인간의 삶을 거대한 우주에 비교해 한갓 풀잎 같은 연약한 존재에 지나지 않는다고 해서 다른 말로 '인생'이라고 표현한다. 그런데 단 한 번뿐인 자신의 삶을, 단지 먹고 싸고 숨 쉬는 것만을 하면서 보낸다는 건 어쩐지 아깝다는 생각이 들지 않는가.

　나는 우리 청년들이 이러한 문제에 대해서 좀 더 고민하고 살

앗으면 한다. 왜냐하면 그들 앞에는 노인보다 더 많은 고뇌의 철조망이 가로놓여 있기 때문이다. 그러나 그 철조망을 치워줄 수 있는 이는 오직 자신밖에 없다.

그런데 어떤가? 과연 오늘날 우리 청년들은 '인생을 어떻게 살 것인가?'라는 문제에 대해 깊이 생각하고 있을까? 물론, 모든 청년들이 다 그렇다는 이야기는 아니다. 다만, 과도한 물질적 풍요로 인해 고뇌조차 하고 있는지 조금은 염려스럽다. 인생은 영원하지 않고 화살처럼 빠르다. 그런데 청년들은 마치 젊음이 영원할 것처럼 세월을 함부로 낭비하고 있다.

금방 30대가 되고 40대가 된다는 걸 잘 모르고 있는 것 같다. 40대가 되면 그땐 자신의 인생을 스스로 갈무리하기 바빠서 '각자도생(各自圖生)'할 수밖에 없다. 이때는 사회적 능력과 경제적 능력이 상하로 명확하게 구분되어 생각의 결이 맞고 사회적 위치가 엇비슷한 이들끼리만 모이게 되고 허송세월한 이들에게는 결코 함께할 자리를 허락하지 않는다. 그렇다고 원망하면 할수록 격차는 더 멀어질 수밖에 없다. 이때 하위 그룹은 상위 그룹을 보고 저들끼리 다 해먹는다고 손가락질하면서 갖은 욕을 하겠지만, 그들은 한마디로 콧방귀만 뀔 것이다. 모든 잘못은 청년 시절에 40대 이후의 삶을 미리 준비하지 못한 자신에게 있다.

그럼, 당신은 어떤 삶을 살기를 원하는가. 출발점은 똑같아도 중년기인 40대엔 확연히 갈라진다는 걸 안다면 20대를 함부로 보내서는 안 된다. 사회의 상위 그룹에 포함되려면 청년 시절에 열심히 학업을 닦고 인격을 쌓으라는 것이다. 이 시기에 학업과 인격을 닦는 것을 게을리 했으면서도 자신이 상위 그룹에 포함되기를 원한다면, 그건 한갓 사기꾼이나 다름없다. 애초부터 경쟁자가 되지 않는다는 얘기이다.

40대 이후의 사회구조는 오직 강자만이 살아남는다. 따라서 이때 자신이 어떤 위치에 있는가는 매우 중요한 문제이다. 이를 빨리 인정하느냐, 그렇지 않느냐의 문제는 전적으로 자신에게 달려 있다. 때문에 젊은 날을 헛되게 보낸 사람은 중년 이후의 삶이 힘들 수밖에 없다. 그러므로 가장 중요한 시기가 바로 20~30대인 것이다.

명심해야 할 것이 또 있다. 만약 돈과 명예를 얻어서 꽤 성공한 40대라고 하더라도 이를 유지하기 위해서는 반드시 지니고 있어야 할 것이 있는데 바로 인간의 '품격(品格)'이다. '품격'이란 사람이 타고난 환경에 따라 느껴지는 '품위'를 말한다.

일찍이 공자는 40대는 그 어떤 유혹에도 흔들리지 않는 시기라고 해서 '불혹'이라 하였고, 50대를 하늘의 이치에 따른다고 해서 '지천명'이라 했다. 40대에 흔들리지 않고 무사히 벗어나게 되면 50대에는 무엇이 옳고 그른가를 판단할 수 있는 지혜가 마침내 생기게 되는 것이다.

이런 지혜를 가진 사람을 우리는 '어른'이라고 부른다. 즉 하늘의 이치와 대자연의 이치를 아는 사람이 되면 비로소 '어른의 품격'을 갖추게 되는 것이다. 이러한 시기를 잘 보낸 사람은 원치 않아도 하늘의 뜻에 따라서 재물이 필요하면 재물을 주고, 지혜가 필요하면 지혜를 주고, 힘이 필요하면 힘을 준다.

다시 강조하지만, 40대가 되면 전지전능하신 분이 당신에게 반드시 시험을 친다. 전지전능하신 분은 부처님일 수도 있고, 하나님일 수도 있고, 알라일 수도 있고, 염라대왕일 수도 있고, 대통령일 수도 있고, 기업의 대표일 수도 있다. 이때 시험에 합격하지 못하면 40대에 엄청난 시련이 오는데 그 답은 20~30대의 삶 속에 있다는 걸 명심하기 바란다.

20~30대의 실패는 미래를 위한 큰 자산이 될 수 있지만 40대 이후의 실패는 엄청난 대가를 지불해야 한다. 젊음을 헛되게 보낸 사람은 실패한 인생을 살 수밖에 없다는 걸 가슴 깊이 새겨야 한다.

졸부보다 지성인이 돼라

부자가 되려면 남을 감동시키는
그 무엇인가가 있어야만 한다
그것은 바로 지성이다.

'지식'과 '지성'은 돈과 명예를 위해 갖는 것이 아니라 '인간의 품격(品格)'을 위해 쌓는 것이다. 돈과 명예가 많이 있다고 해서 존경받는 그런 세상은 이미 지나갔다. 남으로부터 존경받으려면 그에 준하는 '인간의 품격'이 있어야만 한다.

옛날만 해도 농사를 짓던 사람이 갖고 있던 논밭이 갑자기 아파트 단지가 되거나 도시화로 인해서 땅 부자가 된 적이 많았다. 그들은 하루아침에 큰돈을 만졌지만 제대로 쓸 줄 몰라서 도박에 빠지거나 사기꾼들에게 속아 패가망신하기도 했다. 심지어 사기꾼들의 온갖 감언이설에 홀딱 넘어가 전 재산을 탕진하고 자살하는 사람도 있었다.

이건 무얼 말하는가? 돈만 있고 지식과 인격 그리고 지성이라는 '품격'이 없었기 때문에 당한 하나의 사례라고 볼 수 있다. 농부들은 돈만 뺏기면 되는데 영혼까지 깊은 상처를 입게 되고 다시 농부로 되돌아가지 못하는 일이 일어났던 것이다.

그런데 이것은 과거 졸부들의 이야기가 아니라 지금도 겪는 일이기도 하다. 경제성장으로 인해서 아직도 많은 농토와 산림이 개발되며 곳곳에서 땅 부자들이 많이 생겨나고 있다. 하지만 아무리 많은 돈을 가지고 있다고 하더라도 그것을 지킬 지혜를 가지고 있지 않으면 사기꾼과 도둑들이 들끓는다. 희한하게도 그들은 개처럼 냄새를 잘 맡는다.

이것은 전지전능한 분이 바로 시험에 들게 한 것이라고 볼 수 있다. 그런 측면에서 보면 사기꾼은 마치 저승사자와도 다를 바가 없다. 농부가 돈과 몸과 마음을 바르게 사용하고 있는지 전지전능한 하나님이나 염라대왕이 사기꾼을 보내서 그것을 염탐한 것이다. 그러니 사기꾼만 꼭 나쁘다고 볼 것이 아니라 무지한 자신의 죄도 있다는 얘기이다.

그럼에도 당신은 돈 많은 졸부가 되기를 원하는가? 지성인이 되기를 원하는가? 이제부터라도 자기 자신을 닦는 마음공부를 해야 한다. 지성으로 마음이 꽉 차 있는 사람은 돈을 쓸 때도 알차게 쓸 줄 안다.

돈은 벌려고 하면 도망가는 속성을 지니고 있다. 세상에 기여하기 위해 열심히 일하다 보면 저절로 생기는 것이 돈이다. 다시 강조하자면, 부자가 되려면 눈앞의 것에만 연연하지 말고 멀리 미래를 생각하는 안목을 가져야 한다는 얘기이다.

몇 년 전, 스티브 잡스가 췌장암으로 유명을 달리했다. 처음에 그가 애플을 창업하게 된 동기는 돈을 벌기 위한 것이 목적이었다. 하지만 그는 고객을 감동시키면 저절로 돈이 벌어진다는 사실을 나중에 깨닫게 되고 고객을 위한 유익한 제품을 만들기 위해 혼신의 노력을 다했다. 그러다 어느 날 돌아보니 자신이 세계에서 손꼽히는 부자가 되어 있었던 것이다.

노벨도 세상에 필요한 유익한 물질을 개발하기 위해 연구하다가 '젤라틴'이라는 폭발 물질을 발견하게 되었다. 그는 이 수익금으로 노벨상을 제정했고 지금까지 학자와 문인들에게 시상을 하고 있다.

이처럼 세기의 부자들이 가지고 있는 공통점은 그들이 이 세상을 위해서 무엇을 할 것인가를 생각하고, 편리하고 유익한 것을 위해 연구하다 보니 자신도 모르게 돈이 따라와서 부자가 된 것이다. 말하자면, 그들은 자신의 꿈을 향해 열심히 뛰다가 자신도 모르게 부자가 된 것에 불과하다.

이처럼 부자가 되려면 남을 감동시키는 그 무엇인가가 있어야만 한다. 그것은 바로 지성이다. 돈만 있고 머리에 든 것이 없다면, 그는 한갓 졸부에 지나지 않는다.

돈을 벌려고 일을 하지 마라. 돈을 벌기 위해 일하면 돈은 벌리지 않는다. 신념과 꿈을 가지고 열심히 일하다 보면, 그 꿈을 이루는 순간, 자신도 모르게 큰 부자가 되어 있을 것이다. 그런 사람은 돈의 가치를 알고 돈을 값지게 쓸 수 있는 성품을 지니고 있다. 돈을 벌고 싶다면, 거기에 걸맞는 지식과 지성을 먼저 갖추는 것이 매우 중요하다.

사람의 에너지는
사람으로부터 얻는다

타인에게 칭찬을 아끼지 말고

타인에게 사랑을 아끼지 말고

타인에게 먼저 베풀고

타인을 절대 적으로 만들지 말고

타인의 입장에서 먼저 생각하라

이것이 성공의 비결이다.

　지구상의 에너지가 만약 100이라고 가정한다면, 사람이 지니고 있는 에너지는 70%, 자연이 주는 에너지는 30%에 불과하다. 만약 내가 가진 에너지가 30%도 되지 않는다면 과학자들은 부족한 에너지를 자연으로부터 공급받아야 한다고 주장한다. 정말 그럴까? 나는 전혀 다른 생각을 가지고 있다.

그것은 단순히 물리학적인 주장일 뿐이다. 일찍이 그리스의 철학자 아리스토텔레스는 '인간은 사회적 동물'이라고 했다. 이는 무얼 말하는가? 사람은 더불어 살아가는 존재라는 뜻이다. 때문에 인간은 사람으로부터 매일 삶의 에너지를 공급받아야 한다는 뜻이다.

그렇다면, 그 에너지의 원천은 어디에서 흘러나오는 것일까? 바로 타인으로부터 듣는 '사랑'과 '칭찬'이다. 이로 인해 생성된 에너지는 자신이 가진 에너지와 몸속에서 합일(合一)되어 몸과 마음을 건강하게 만든다. 이처럼 인간은 타인으로부터 항상 에너지를 공급받아야만 힘을 쓸 수 있는 유일한 존재이다. 그러므로 당신은 타인을 향한 '사랑과 칭찬'에 인색해서는 안 된다.

지금 당신이 우울한 원인도 삶의 활력소가 되는 에너지가 부족하기 때문이다. 자신의 에너지를 보충시키려면 동료, 가족, 친구들에게 '사랑'과 '칭찬'을 아끼지 마라. 그로 인해 자신도 모르게 삶의 활력소가 넘쳐나게 될 것이다. 몸속에 에너지가 충만한 사람은 건강하지만 부족한 사람은 매사에 의욕이 없고 쉽게 병이 찾아들 수밖에 없다.

물론, 우리가 매일 에너지를 타인으로부터 공급받는 건 쉽지 않다. 하지만 내가 먼저 삶의 에너지를 타인에게 주면 상대방도 '에너지 상호작용의 법칙'에 의해 나에게 에너지를 주게끔 되어 있다. 내가 상대방에게 에너지를 주지도 않았는데 받으려고 하는 건 잘못된 생각이다.

그럼, 어떻게 하면 상대방으로부터 많은 에너지를 받을 수가 있을까? 나는 삶의 에너지를 구하는 다섯 가지의 법칙을 일찍이 정한 바가 있다.

첫째, '타인에게 칭찬을 아끼지 말라.'이다.

우리 몸속에는 '엔돌핀'이라는 화학물질이 있다. 타인으로부터 칭찬을 듣게 되면 '엔돌핀'이 나오게 되고 이것이 활동성 에너지로 변하게 된다. 오죽하면 '고래도 칭찬을 들으면 춤을 춘다.'고 하지 않는가.

둘째, '타인에게 사랑을 아끼지 말라.'이다.

인간은 원초적으로 사랑이 없이는 하루도 못 사는 감정의 동물이다. 사람의 마음을 움직이게 하는 원초적인 힘은 결국 '사랑'에서부터 흘러나온다. 때문에 나를 사랑하는 사람에게 끌리게 되는 것은 당연하다.

셋째, '타인에게 먼저 베풀어라.'이다.

동물들도 잘 대해주는 사람을 따르듯이 사람도 실수하고 잘못한 일이 있더라도 잘 보듬어주고 베풀면 따르기 마련이다. 먼저 베풀지도 않으면서 타인에게 무언가를 얻으려고 하는 건 애초부터 기대하지 말아야 한다.

넷째, '타인을 절대 적으로 만들지 말라.'이다.

적은 항상 적의를 품고 있다. 어쩔 수 없이 적이 되는 경우도 있지만, 그렇다고 아무런 이유도 없이 타인을 미워하거나 적으로 만들어서는 안 된다. 또한 적일지라도 그의 입장을 내 것으로 받아들인다면 적의 에너지는 분명히 내게로 온다.

다섯째, '타인의 입장에서 먼저 생각하고 행동하라.'이다.

세상은 혼자 사는 곳이 아니라 더불어 살아가는 곳이다.

간단하게 하나의 예를 들어보겠다. 당장 우리가 살고 있는 동네에 모든 사람이 쓰레기를 하나씩 버린다면 어떻게 될까? 아마 순식간에 악취가 들끓는 쓰레기장이 될 것이다. 내가 쓰레기를 버리지 않는 행위는 타인을 위한 것이 아니라 바로 나를 위한 것이다. 우리가 살고 있는 이 사회가 깨끗한 이유는 모든 사람이 이러한 사회 의식을 지니고 있기 때문인데 이처럼 내가 타인을 사랑하면 타인도 나를 사랑한다.

이 다섯 가지가 내가 부족한 에너지를 타인으로부터 공급받는 삶의 법칙이다. 그렇다고 상대방으로부터 무조건 좋은 것만 받아들이라는 건 아니다. 비록, 상대방이 나에게 싫은 소리를 하더라도 이를 고맙게 받아들이게 되면, 탁했던 마음이 맑은 기운으로 바뀌게 된다.

사람은 일상에서 탁한 기운과 맑은 기운을 동시에 받는다. 여기에서 탁한 기운은 매우 강해서 무겁고, 맑은 기운은 약하다.

그런 가운데 탁한 기운이 맑은 기운과 서로 충돌하게 되면 더욱더 강력한 에너지가 발생하게 되는데 이때 자신의 마음을 잘 다스리게 되면, 에너지는 급속도로 상승하게 되어 기운도 최상이 되어 몸도 건강해진다. 하지만 탁한 기운을 빨리 맑은 기운으로 정화시키지 않고 그대로 두면 육체에 병이 생기기 쉽다. 결코 이를 간과해서는 안 된다.

그러므로 비록, 타인이 좋지 않은 탁한 기운을 가지고 있더라도 그를 위해 맑은 기운으로 내 마음을 열고 있으면 내가 건강해지고 행복해질 수 있다는 얘기이다. 마음이 열린 사람은 누군가로부터 비록, 좋지 않은 소리를 듣더라도 걸러낼 수 있는 판단력을 스스로 가지고 있기 때문에 어떤 일을 해도 잘 된다. 그러므로 자신에게 나쁜 일이나 나쁜 소리가 들리더라도 이것을 내 것으로 소화할 수 있는 내공을 지녀야 하고 그러기 위해서는 항상 공부하는 사람이 되어야 한다.

4부

운명을 바꾸려면
좋은 인연을 만나라

도둑놈을 만나면 도둑질을 배울 수밖에 없고
사기꾼을 만나면 물들 수밖에 없다.
그래서 좋은 인연을 맺는 것이 중요하다.

사기를 당한 사람의 잘못도 있다

사기꾼은 나에게 사기 칠 자격은 있지만
내가 남에게 사기를 칠 자격은 주어지지 않았다.

살다 보면, 남으로부터 사기를 당할 때도 있다. 그럼, 사기꾼
과 사기를 당한 사람 중 누가 더 마음이 괴로울까? 당연히 사기
를 당한 사람이다. "사기꾼놈을 어떻게 잡아 죽이지." 하고 원통
함 때문에 잠도 못 잘 정도로 고통스러울 것이다. 그럴수록 속만
타고 해결되는 건 아무것도 없다. 다만, 사기꾼은 경찰에게 잡힐
까봐 조금 조마조마할 뿐이다.

하지만 큰 충격을 받지 않아도 될 작은 피해라면 이를 전화위
복의 계기로 삼는다면 어떨까? 나중에 더 큰 사기를 당하지 않도

록 하기 위해 미리 '사자(使者)'가 온 것이라고 생각하는 것은 어떨까?

"내가 모자라서 남에게 사기를 당했구나. 내 모자람을 일깨워 주기 위해 사기꾼이 왔구나, 지금은 어렵지만 오히려 사기꾼아 고맙다. 이제부터는 어떠한 일이 있어도 사기를 당하지 말아야겠다."

차라리 이렇게 교훈삼아서 다시는 사기꾼의 유혹에 빠지지 않도록 조심하는 것이 중요하다는 얘기이다. 그러니 사기꾼을 미워하지 말고 오히려 고맙게 생각하고 더 열심히 살면, 더 큰 지혜가 일어나서 빠른 시일 내에 피해 본 것이 복구가 될 것이다.

그렇지 않고 주저앉아서 사기당한 것을 계속 원통해하거나 고통을 되씹는 건 오히려 건강만 해칠 뿐 자신에게 전혀 도움이 되지 않는다.

사기당하는 것도 깊이 생각해보면 자신의 무지로 인한 결과이다. 사기를 당한 사람의 잘못도 있다는 뜻이다. 하지만 이를 계기로 앞으로 대처를 잘한다면 지혜가 생겨서 다시는 사기꾼이 근처에도 오지 못할 것이다.

왜 그럴까? 사기꾼은 "자기로 인해 사기를 당한 사람은 이미 지혜를 터득했기 때문에 다시는 사기가 먹히지 않는다."는 것을 미리 알기 때문이다. 그런데 세상은 희한하게도 사기를 당한 적이 있는 사람이 사기를 또 당한다는 통계가 많다. 도대체 그 이유는 뭘까? 간단하게 설명하자면 사기당한 걸 빨리 포기하지 못하고 거기에 자꾸 미련을 두기 때문이다. 이를 안 또 다른 사기꾼이 기회를 노리기 쉽다. 이때는 대개 처음보다 더 큰 사기를 당한다.

놀랍게도, 이것이 우리가 살고 있는 이 사회의 현실이다. 그러므로 사기를 당한 후에는 사기꾼을 원망만하지 말고 자신이 왜 사기를 당했는지 그 이유를 파악하는 것이 더 중요하다. 그렇게 되면 어떤 사람이 사기꾼인지 한눈에 알아볼 수 있는 지혜가 열리게 된다. 그렇지 않고 사기꾼을 계속 원망하거나 미워하게 되면 적반하장이 되어서 나중에는 더 큰 사기를 당한다는 것이 대자연의 원리이다. 다시 말해서 자신이 무엇을 잘못해서 사기를 당했는지 반성하고 공부하는 계기로 삼아야 한다는 뜻이다.

"사기꾼이 나에게 온 이유는 내가 행동을 잘못한 탓이다."

이처럼 사기를 당하는 근본적인 원인은 자신에게도 있음을 알고 대처를 철저히 하면 다시는 사기꾼이 다가오지 못한다.

사람은 잘못이 있으면 빨리 고쳐야만 성장할 수 있다. 우리가 매사에 인생을 이러한 마음 자세로만 산다면, 좋은 인연들이 많이 찾아와서 당신을 돕거나 복을 받게 해줄 것이다.

덧붙이자면, 사기꾼은 나의 재물을 훔쳐갈 자격은 있지만, 내가 남에게 사기를 칠 자격은 내게 주어지지 않았다는 것이다. 설령, 내가 사기를 당했다고 해서 사기꾼을 증오해서는 안 된다는 얘기다. 대자연은 어떤 경우라도 남에게 화를 내거나 증오하는 사람에겐 절대로 복을 주지 않는다. 그러니 원통하고 억울하더라도 사기꾼을 사회의 법과 대자연에게 맡겨두어야 한다.

대자연의 법칙은 사기꾼을 반드시 힘들게 만들 것이다. 이것은 철칙이다.

자신을 사랑하라

자신을 믿고 사랑하는 사람은

그 어떤 괴로움과 어려움을 당해도

능히 이길 수 있는 힘을 가지고 있다.

정법시대문화재단에서 상담을 해주다 보면 이런 질문을 자주
받는다.

"선생님, 곁에 있는 친구들이 나를 미워하는 것 같아요. 나는
잘못한 것이 하나도 없는데요."

"잘 생각해봐. 정말 잘못한 일이 있는가, 없는가? 원인 없는 결
과는 없어."

"깊이 생각해보니 있는 것 같아요."

"알았으면 반성하면 되지. 당장 나를 미워하는 사람의 마음을 돌리게 하는 방법은 딱 하나뿐이지."

"그게 뭐죠?"

"나를 미워하는 자를 사랑하면 돼. 즉 원수를 사랑하라는 거지."

세상에는 '사랑'과 '미움'이 늘 공존하고 있다. 누군가가 사랑을 받으면, 누군가는 미움을 받기 마련이다. '선(善)'이 있으면 '악(惡)'이 있듯이 '사랑'이 있으면 반드시 '미움'이 있다. 이를 부정해서는 안 된다.

그런데 내가 세상의 모든 사람들로부터 오직 사랑을 받으려고 한다는 데에서 심각한 문제가 발생한다. 어떻게 나라는 존재가 모든 사람들로부터 사랑만 받을 수 있겠는가. 만약 당신이 사랑받기를 원한다면 지금부터 당신은 신이 되어 남에게 좋은 일만 해야 하는데 어찌 그럴 수가 있을까?

사실, 내 마음이 편해지는 방법은 아주 간단하다. 남을 미워하지 않고 무조건 사랑만 하면 되지만 그게 말처럼 쉽지가 않다. 그럼 우리의 마음속에 미운 감정이 일어나는 원인은 무엇일까? 남에 대한 시기심 탓이다. 누군가가 사랑을 받고 있으면 다른 한쪽에서는 반드시 시기심이 일어난다. 남이 잘되는 꼴을 보지 못하는 것이 인간의 본능이기 때문이다.

그러므로 내 마음이 편하려면 '사랑'도 '미움'도 '그러려니' 하고 그저 대자연의 이치로 받아들이라는 것이다. 그러다 보면 당신은 어느 날 모든 것을 초월한 도인이 될 수 있다.

요즘 우리는 연예인들의 자살 소식을 많이 접한다. 대중들이 함부로 내뱉는 거친 악플을 견디지 못하고 스스로 목숨을 버리는 안타까운 일이 종종 발생하고 있다. 나는 이러한 일들을 바라보면서 한동안 심각한 고민에 빠진 적이 있다. 남부러울 것 없는 그들이 왜 쓰레기 같은 악플들을 견디지 못하고 그 귀하디귀한 목숨을 버릴까?

연예인들의 자살 사건이 발생할 때마다 사회학자와 정신과 의사들은 그 원인을 악플을 단 사람들 보다 자살한 사람의 심리상태와 정신력 문제로 돌린다. 하지만 내 입장에서 보면 이것은 헛소리에 지나지 않는다.

그것은 그들만의 문제가 아니라, 이 사회의 구조적 문제가 더 심각한 원인이다. 대중에게 노출이 많이 된 유명인일수록 정신적으로 약한 멘탈을 가질 수밖에 없다. 왜냐하면 그들은 대중에 의해서 인기가 올라가거나 하락하기 때문에 늘 대중을 의식할 수밖에 없다. 그러다 보면, 자신도 모르게 심리적으로 공황상태에 빠지게 된다. 때문에 그들은 평소 멘탈을 강하게 단련시키는 훈련을 해둬야 한다는 것이다.

나는 이것을 대자연의 법칙으로 풀려고 한다. 대자연은 항상 3대 7의 법칙에 의해 움직인다. 나를 사랑하는 사람이 30%라면

70%는 나를 미워하거나 관심이 없는 사람이다. 그러나 나를 사랑하는 사람이 점점 늘어나서 70%가 넘어서게 되면 나머지 30%의 사람은 저절로 대자연의 법칙에 의해 끌려오게 된다. 그러므로 모두가 자기 자신을 좋아하거나 사랑한다고 믿어서는 안 된다는 것이다. 따라서 나를 미워하는 사람은 그대로 두면 된다.

SNS에 악플을 날리는 이들은 대개 약자들이다. 유명인이 잘나가는 것을 부러워해서 악플로 대신하는 것에 지나지 않는다. 물론, 악플을 읽으면 정신적 충격을 받을 수밖에 없다. 하지만 이것도 받아들이라는 것이 바로 '대자연의 법칙'이다.

그럼, 어떻게 해야만 내 마음을 편하게 유지할 수 있을까? 무조건적으로 자기 자신을 사랑하라는 것이다. 누가 어떤 소리를 하더라도 자기 자신을 믿고 사랑하는 사람은 그 어떤 괴로움과 어려움을 당해도 능히 이길 수 있는 힘을 스스로 가지고 있다. 또한 자신을 사랑하는 사람은 자기에 대한 믿음이 매우 강하기 때문에 남의 말이나 시선 따위에는 좀처럼 흔들리지 않고 초연하다. 이런 사람이 바로 강자다.

강한 사람이 되려면 꾸준한 마음 수행과 함께 지식을 쌓아야 한다.

젊은이들이여
서로 사랑하라

전생의 원수는

지금 내 곁에 있는

배우자, 자식, 형제, 친구이다.

'대자연의 법칙'을 이야기하려면 먼저 '대자연의 섭리'를 깨달아야 한다. 지구상의 모든 생물은 암수로 이루어져 있다. 나무와 꽃도 암수가 있고 사람, 곤충, 동물들도 다 암수로 나누어져 있다. 왜 대자연은 생명이 있는 것들을 모두 암수 딴 놈으로 만들었을까?

여기에는 '서로 사랑하면서 살라'는 조물주의 위대한 가르침이 들어 있다. 이 지극하고 위대한 '대자연의 섭리'를 모르면 '사랑'

이라는 대자연의 위대한 가르침을 받아들일 수가 없다.

남녀가 서로 만나서 사랑하고 아이를 낳는 것도 '대자연의 섭리'이다. 이것을 부정하면 세상을 살 이유가 없고 또한 가치도 없다. 그런데 어떤가. 요즘 젊은이들은 집이 없고 돈이 없어서 데이트를 하지 못하고 결혼도 하지 않는다고 한다. 남녀가 사랑을 하지 않으니 아이가 태어날 리가 없다.

옛날 부모들은 그 어려운 형편 속에서도 많은 아이를 낳아 잘 길렀다. 그 당사자가 바로 본인들이다. 부모들은 무슨 형편이 좋아서 그대들을 낳아서 평생 먹이고 입히고 공부를 시켜서 오늘날 당신들을 존재하게 했겠는가. 결혼을 하고 아이를 낳는 것은 그 자체만으로도 부모에게 효도를 하는 것이다. 결혼은 자신의 존재를 다시 태어나게 하는 일이다.

그럼, 인간은 왜 부부라는 인연으로 만나 아이를 낳고 평생을 함께 살아가는 것일까? 이것은 불교에서 말하는 업과 인연법에 아주 밀접한 관계가 있다. 물론, 나는 불교를 잘 모른다. 다만, 내가 혼자 수행하면서 깨달은 것은 이 세상은 눈에 보이지 않는 인연법에 의해 이루어져 있다는 것이다.

그 중에는 전생의 원수도 있고 은인도 있다. 하지만 나의 관점으로 보면 전생의 은인은 곁에 오지 않고 원수만 온다는 것이다. 왜 그럴까? 전생에 좋은 관계는 이미 그 사랑을 이루었기 때문에 올 필요가 없고, 전생에 나쁜 관계는 사랑으로 회복하라는 것이 바로 '대자연의 섭리'이기 때문이다.

이런 관점에서 해석하면 전생의 원수는 지금 내 곁에 있는 배우자, 자식, 형제, 친구와 동료이다. 현생에 만나서 전생의 원수를 사랑으로 회복하라는 것이다. 혹자들은 내 말이 허무맹랑한 소리로 들리겠지만 적어도 내가 깨달은 '대자연의 섭리'를 볼 때 그렇다는 것이다. 그래서 우리는 늘 곁에 있는 원수로부터 사랑을 구하고 있는 것이다.

더구나 원수는 정확하게 전생에 지은 빚을 갚기 위해 오거나 혹은 빚을 받으러 오기 때문에 서로 깊은 인연을 맺을 수밖에 없고, 우리는 그 원수를 사랑해야 한다.

그럼 그 원수는 누구를 가리키는 것일까?

지금 바로 당신 곁에 있는 사람이다. 그는 사랑스러운 얼굴을 하고 있지만 사실은 전생의 원수였다. 최고의 원수 지간은 내가 최고로 사랑하는 남편이요, 아내요, 자식인 것이다. 그래서 가끔 써먹는 말이 있다.

남편이나 자식이 애를 먹이면 "저 놈의 원수 빨리 안 죽나."라면서 웃는다. 이게 바로 사랑이다. 지지고 볶고 싸운다고 해서 다 원수가 되는 것이 아니다. 원수에도 사랑의 깊이와 질량이 있다는 뜻이다.

딸이 애를 먹일 때는 이렇게 말을 한다.

"어이구 저놈의 가시나, 빨리 시집이나 가지."

이게 다 곁에 있는 사랑스러운 원수들에게 하는 말이다. 얼마나 지극하고 사랑스러운 말인가. 그런데 그 원수들은 어떻게 곁에 다가올까?

남편이나 부인이 원수로 올 때는 눈에 콩깍지가 끼어서 잘 안보이고, 자식으로 올 때는 피와 살을 섞어서 오고, 친구로 올 때는 좋아서 죽고 못 살 듯이 다가온다. 이것이 바로 대자연이 만든 '섭리'다.

이렇게 우리는 맨날, "저놈의 웬수, 웬수" 하면서 살지만 사실은 그것이 최상의 행복임을 깨달아야 한다. 젊은이들이여! 결코 사랑하는 것을 주저하지 말라.

운명을 바꾸려면
좋은 인연을 만나라

도둑놈을 만나면 도둑질을 배울 수밖에 없고
사기꾼을 만나면 물들 수밖에 없다
그래서 사람은 좋은 인연을 맺는 일이 중요하다.

사람은 빈손으로 태어난다. 처음부터 손에 금덩이를 쥐고 태어나는 사람은 없다. 죽어서 대자연으로 돌아갈 때도 빈손으로 돌아간다. 인생은 빈손으로 태어나서 빈손으로 돌아가는 '공수래공수거(空手來空手去)'다.

사람들은 재물과 권력, 명예를 일생 동안 내 것인 줄 알고 탐하지만 죽을 때는 아무것도 갖고 가지 못하는데도 오직 여기에만 집착한다. 더 큰 문제는 '공수래공수거'의 대자연의 이치를 아직도 모른다는 데 있다. 이처럼 인간은 어리석은 존재이다.

물론, 그 중에는 잘난 부모로 인해 금수저를 물고 태어나는 사람도 있지만, 극히 일부에 지나지 않는다. 그런데 어떤가. 방송과 언론들은 상위 0.1%의 삶을 여과없이 내보내고 있다. 일반인들의 삶과는 동떨어진 이야기를 담고 있는 아침드라마를 보면 막장도 이런 막장이 없다. 이런 걸 보면서 요즘 사람들은 대리만족에 빠진다. 심지어 자신의 처지를 두고 부모를 원망하기도 한다. 방송과 언론이 낳은 이 시대의 또 다른 비극이다.

사람은 누구나 '음양오행설(陰陽五行說)'에 따라 '팔자(八字)'를 지니고 태어난다고 한다. '팔자'는 사람이 태어난 연월일시에 해당되는 간지(干支) 여덟 글자를 말하는데 나중에 사람의 '화복생사(禍福生死)'를 판단하는 기준으로 바뀐 것이다.

그럼, 사람은 정말 팔자를 갖고 태어날까? 조선시대에는 신분제도가 있어서 양반의 자식으로 태어나면 양반, 상놈의 자식으로 태어나면 상놈이었다. 그런 까닭에 아무리 노력해도 태어난 자신의 팔자를 바꿀 수가 없었다.

지금 시대는 어떤가. 부모 팔자를 지니고 태어나기는 하지만 자신의 노력으로 충분히 팔자를 바꿀 수가 있다. 그런데 어떻게 해야 바꿀 수가 있을까. 자신의 노력과 남의 힘을 빌려야만 바꿀 수가 있다. 남의 힘이란 '좋은 인연'을 만나는 걸 의미한다.

'말은 제주도로 보내고 사람은 서울로 보내라.'는 속담이 있다.

사람이 성공하려면 좋은 친구와 훌륭한 스승을 만나야 한다는 뜻이다. 요즘 젊은이들은 이것을 예사로 생각하지만 여기에 성공의 비법이 숨어 있다. 도둑놈을 만나면 도둑질을 배울 수밖에 없고 사기꾼을 만나면 물들 수밖에 없다. 그래서 좋은 인연을 맺는 것이 중요하다. 지성을 갖춘 사람들과 어울리게 되면 자신도 그런 사람이 되기 위해 노력한다. 이게 바로 노는 물이다.

사람은 자기보다 좀더 나은 사람을 만나야만 성장할 수 있기 때문에 절대로 자신보다 낮은 곳을 지향해서는 안 된다. 좋은 인연을 많이 만나려면 자신도 열심히 공부하고 마음을 닦아서 좋은 인연을 만나기 위한 준비를 해야 한다. 우리가 열심히 공부를 하는 것도 이 때문이다.

배우지 않는 사람은 한갓 동물과 다를 바가 없다. 여기에서 '배운다.'는 의미는 열심히 공부만 하라는 것이 아니라 열심히 자신의 마음을 닦아서 '인성(人性)을 바르게 하라.'는 뜻이다. 무슨 일이든 깊이 생각하고 말과 행동을 조심하라는 것이다. 이런 사람이 바로 배운 사람이다.

그런데 수학 한 문제 더 잘 푼다고, 영어 한 줄 더 안다고 허세를 부리는 젊은이들이 가끔 있다. 심지어 부모가 못 배웠다고 무시하는 자식들도 있다. 그런 사람이 인생에서 성공하는 것을 지금껏 나는 본 적이 없다. 설령, 출세한다고 해도 이내 나락으로 떨어진다.

공부보다 더 중요한 건 사람됨이다. 지식이 많다고 성공하는 것이 아니라 부모, 형제와 남을 존중하는 사람이 더 크게 성공한다. 말하자면 '바른 인성'을 가진 사람이 성공할 확률이 더 높다는 것이다.

바른 인성을 지니고 있는 사람은 비록 남들보다 출발이 조금 늦어도 결국에는 더 크게 성공한다는 것이 바로 대자연의 이치다. 늦다고 해서 실망해서는 안 된다. 이를 깨우치지 못하면 아무리 배웠다고 해도 말짱 도루묵이 되기 쉽다.

기도의 원리

올바른 기도는,

자신이 원하는 것을 얻기 위해

지성껏 기도하면서

거기에 상응하는 노력도 함께 하는 것이다.

절과 교회에 기도하러 다니는 신자들이 꽤 많다. 사실, 기도는 현대에 와서 사용된 언어로서 과거에는 전혀 통용되지 않았다. 옛날 여인들은 남편이 과거시험을 보러 가거나 집안에 '길흉화복(吉凶禍福)'이 있을 때 물 한 그릇을 떠놓고 두 손을 모아 지성껏 정성을 드렸다. 이것이 오늘날의 '기도'로 변화한 것이다.

일반적으로 종교는 '타력(他力)'과 '자력(自力)'으로 나누어진다.

'기도'는 나약한 인간이 하나님이나 알라 같은 절대자에 의지해 소원을 비는 행위이지만, '정성을 드린다.'는 의미는 무언가를 얻기 위해 '몸과 마음을 다해서 올린다.'는 의미가 들어 있다. 또한 '기도'는 하나의 종교적인 예법에 지나지 않는다. 그러나 '정성을 드린다.'는 것은 집안에 '길흉화복'이 있을 때 몸과 마음을 다 바쳐서 빈다는 뜻이다. 이것이 현대에 와서는 교회나 절에서 신도들에게 성금이나 시주를 받기 위해 '100일 기도'니 '무슨무슨 기도'니 하는 것으로 변질되었다.

소원을 비는 행위에는 정성이 들어가야 하는데 요즘 종교단체들은 정성보다는 기도비와 시주금의 액수에 따라서 그 성취도가 달라진다고 선전한다. '중이 염불보다 잿밥에 관심이 많다.'는 속담도 이런 데서 나왔다. 이런 기도에 정성이 깃들었을 리가 만무하다.

기도할 때도 '남이 하니까 나도 따라 한다.'는 식으로 해서는 하나님과 부처님이 들어줄 리가 만무하다. 차라리 집에서 물 한 그릇 떠놓고 지극정성으로 비는 것이 더 낫다. 여기에는 개인적인 욕심을 배제한 간절한 소원이 담겨 있기 때문에 오히려 하나님과 부처님이 더 감동할 수 있다. 이처럼 티없이 맑은 마음으로 정성을 다해 드리는 기도가 더 효험이 있다는 것이다.

그런데 어떤가? 요즘 종교단체를 보면 오직 돈의 액수에 따라 기도하다 보니 심심찮게 문제가 발생한다. 무속인(巫俗人)들도 집안에 액운이 들었다며 수백만 원을 들여서 굿하라고 유혹한다. 마음에서 우러나와서 하는 기도와 강요에 의해서 하는 기도의 효험은 근본부터가 다르다. 더구나 그들은 자신들의 이익을 위해 기도하기 때문에 효험이 없는 건 당연한데 사람들은 여기에 쏙 빠져서 헤어 나오지 못한다. 이것이 바로 사이비 종교이다.

절실한 마음을 담아 소원을 빌어도 이루어질까 말까 한데 오직 물질로 해결하는 기도는 아무 소용이 없다. 왜냐하면 정성이 깃들지 않은 기도는 그 누구도 감동시킬 수가 없기 때문이다. 요즘 종교단체에서 권하는 기도의 문제도 한두 가지가 아니다.

예전에 어떤 분이 나를 찾아오신 적이 있다. 그는 아들의 사업이 잘되지 않아서 망하기 일보 직전이었다. 그래서 절에 갔더니 '100일 기도'를 하면 사업이 잘될 것이라고 해서 시주를 하고 기도했지만 전혀 소용없있다고 한다. 과연 이런 기도를 한다고 해서 부처님이 들어주실까? 절대 안 들어준다. 사실 기도의 효험은 드리는 사람의 마음 자세에 달려 있다.

그분은 줄곧 기도했지만 정작 아들은 아무런 노력을 하지 않던 것이다. 잘되라고 비는 것만이 기도가 아니다. 자신의 잘못을 참회하고 더 나은 자신을 위해 기도하는 것이다. 또한 어머니가 지극정성으로 기도하는 것처럼 아들도 그에 상응하는 노력을 해야 한다. 만약 어머니가 이런 기도를 3년 동안 계속하게 되면 집안이 이내 거덜날 수가 있고 아들도 절망의 늪에서 영원히 빠져

나올 수가 없다.

그러므로 무조건 기도만 열심히 한다고 해서 되는 것이 아니다. 기도와 더불어 스스로 노력해야 한다. 예를 들면 어머니가 절에 가서 공부 못하는 자식을 위해 열심히 수능기도를 한다고 해서 아들이 명문대학에 합격할 수 있을까? 그렇다면 기도를 안할 부모가 없을 것이다.

어머니가 기도를 하듯이 자식도 열심히 공부해야 한다는 얘기이다. 어머니의 기도는 아들이 실수를 하지 않고 실력대로 시험을 잘 보기를 원하는 것에 그쳐야 한다. 기도도 자신의 분수에 맞게 소원을 빌어야지 넘치면 안 된다. 이런 것들을 하나씩 실천하다 보면 자연스럽게 환경이 좋아지고 마침내 소원을 이룰 수 있게 된다. 이처럼 종교적인 기도에는 기적이 없지만 지극한 정성에는 기적이 있다.

올바른 기도는 자신이 원하는 것을 얻기 위해 지성껏 기도하면서 거기에 상응하는 노력을 함께 해야 한다. 노력도 하지 않으면서 오직 기도만 해서 무언가를 성취하려고 하는 건 진실한 종교가 아니라 거의 사이비 종교에 가깝다. 평소 자신이 해야 할 일은 제대로 하지도 않으면서 매일 종교단체에 가서 기도만 하는 것은 광신도에 지나지 않는다.

어쩌다가 가련해서 하나님이나 부처님이 한 번은 들어줄 수도 있지만, 그건 기도의 힘이 아니라 운이다. 기도의 원리를 제대로 알고 기도해야 하는데 힘들고 어렵다고 무턱대고 종교시설에 가서 상담하고 기도하는 것이 가장 큰 문제이다. 올바른 기도는 기도의 바른 목적을 알고 하는 것이다.

사이비 성직자보다는
진리의 말씀을 믿어라

기도의 목적은 간절함에 있다
무작정 기도만 하지 말고
진정으로 자신이 원하는 것이
무엇인지 알고 하라.

많은 사람들이 종교를 믿고 있다. 물론, 개중에는 '무교(無敎)'
도 있지만 이들도 잠재적인 종교관은 가지고 있다. 인간이 종교
를 믿는 가장 근본적인 이유는 자신의 인생을 점검하고 그 안에
서 행복의 가치를 찾는 데에 있으며 더 나아가서는 자신의 연약
함과 부족함을 알고 종교에 의지함에 있다.

그런데 지나친 신앙생활로 인해 개인과 가정이 파탄나는 일이

주변에서 종종 일어나고 있다. 이처럼 바르지 못한 종교생활은 개인의 삶을 파멸로 이끌 수도 있다. 그럼, 어떻게 하는 것이 바른 신앙생활인지 알아보자.

종교에서 가장 큰 덕목은 '믿음'인데 종교인들이 신자들의 '믿음'을 이용하고 있다는 것이 큰 문제이다. 예를 들면, 불교 신자는 진리의 말씀인 붓다의 가르침을 믿고 따라야 함에도 불구하고 오히려 수행이 덜 된 스님의 가르침을 믿고 따르는 신자들이 많다. 이런 스님들은 붓다의 말씀을 바르게 전하기는커녕, 이를 핑계 삼아서 재물만 구하려고 애쓰거나 엉뚱한 일을 벌인다.

개신교도 마찬가지이다. 신자들은 성경에 담긴 진리의 말씀에 귀를 기울여야 하는데 목사의 말을 더 따른다. 그러다 보니 복음은 온데간데없고 목사들은 오직 개인의 이익만을 탐한다. 신도들도 목사의 말이 마치 성경의 말씀인 것처럼 착각하는 것이다. 천주교도 마찬가지이다.

물론, 스님이나 목사, 신부를 폄훼하고자 하는 말이 아니다. 개중에 이런 잘못된 성직자들 때문에 종교가 아직도 욕을 먹고 있는 것이다. 더 큰 문제는 신도들이 절대자인 붓다나 예수, 하나님의 가르침보다 스님, 목사, 신부의 말과 행동에 현혹되어 더 끌리고 있다는 데에 있다.

이래가지고선 올바른 종교가 이 땅에 바르게 뿌리내리기가 힘들다. 바른 성직자는 절대자들이 남긴 진리를 설파하는 데 평생을 바친다. 개중에는 이를 악용하여 마치 자신이 교주인 것처럼 행동하고 개인적인 치부를 하고 있는 것이 오늘날 종교가 지니고 있는 문제점이다. 또한 사이비 성직자의 말에 쉽게 현혹되고 있는 신도들도 문제가 있다.

모든 종교의 가치는 '자비'와 '사랑'을 근본으로 한다. '자비'는 어려운 사람에겐 베풀고 병든 이웃이 있으면 함께 아파하는 걸 말한다. '사랑'은 진실한 마음을 동반한다. 그러므로 '자비'와 '사랑'을 바탕으로 하지 않는 종교는 이미 종교가 아니며 애초부터 믿을 가치조차 없다.

그런데 어떤가. 요즘 종교단체들은 신도들을 조직적으로 관리하기 때문에 한 번 발을 디디면 빼기가 매우 어렵다. 신앙생활은 자발적이어야 하는데 나중에는 강요에 의한 신앙생활을 하는 지경에 이르렀다. 대표적인 것이 요즘 코로나 19 사태를 빚은 한 종교단체이다.

물론, 그들을 비난할 생각은 추오도 없다. 우리나라 헌법에는 종교의 자유가 있기 때문에 그들을 말릴 법적인 방법도 없다. 다만, 국가가 위기상황이기 때문에 지금이라도 그들을 강력하게 통제할 필요가 있다. 이렇듯 신앙생활은 개인의 삶을 윤택하게 해줘야하는데 오히려 사회가 종교를 걱정한다면 그 가치는 이미 상실한 것이나 다름이 없다.

대개 사람들은 자신이 힘들거나 생활이 어려울 때 종교에 기댄다. 만약 근심 걱정이 없다면 종교를 가질 필요조차 느끼지 못할 것이다. 하지만 아무리 돈이 많고 명예가 있다고 해도 근심 걱정이 없는 사람은 없다. 이를 해소하고 마음의 안락을 얻기 위해 종교에 기대는 것이다. 그런데 그런 종교가 오히려 재물이나 탐하고 권력에 욕심을 부린다면 존재해야 할 하등의 이유가 없는 것이다.

최근, 모 사찰에서 일어난 도박 사건이나 사이비종교에서 개인의 재산을 착복하는 것들은 도저히 일어나서는 안 될 일들이다. 종교의 지향점은 청정(淸淨)에 있다. 이것이 전제되지 않는 종교는 사이비에 지나지 않는다.

사이비 종교의 특징은 처음에는 간을 빼줄 것처럼 하다가 야금야금 무언가를 빼앗아간다는 것이다. 처음에는 꼭 한 가지씩의 소원은 들어준다. 그렇게 되면 일시에 마음을 혹 뺏긴다. 그리고 다시 소원을 빌면 꼭 들어줄 것 같은 느낌이 들어서 맹신하게 되고 더 많이 재물을 바치지만 그 순간부터는 잘 들어주지 않는다.

사람은 철학적으로 볼 때 누구나 어려움을 당하면 '의지처(意志處)'를 찾는다. 만약 신도가 어려움을 극복했다면, 그걸 두고 사이비 종교인들은 마치 자신들의 힘으로 극복한 것처럼 보이게 한다. 사실 그것은 그들의 힘이 아니라 신도 자신의 힘으로 이겨낸 것이다. 그런데도 마치 자신들의 힘으로 신도가 어려움을 극복한 것처럼 포장한다. 이것이 그들이 가지고 있는 특징이다.

그럼에도 불구하고 왜 많은 사람들이 사이비 종교에 자꾸 빠지는 것일까? 바로 자기 공부를 게을리 하기 때문이다. 대개 사람들의 고민들은 건강, 재산, 명예, 자녀 문제 등이다. 그중에서 가장 중요한 것은 건강이다. 건강을 잃으면 재산과 명예는 아무런 소용이 없다.

처음에는 몸에 병이 생기면 병원에 가서 고치려고 한다. 그런데 마음에 병이 생기면 약으로도 못 고친다. 그러다가 지인들의 소개로 영험한 무속인이나 목사, 신부, 스님 등 성직자들을 찾아가서 상담한다. 이것이 꼭 나쁘다는 것은 아니다.

여기에는 여러 가지 전제가 있는데 무조건 매달리지 말라는 뜻이다. 그들이 원하는 기도의 방법은 행하되 자신도 어려움을 이겨내기 위한 노력을 병행해야 한다. 무조건적인 맹신은 오히려 더 나쁜 결과를 초래할 수 있다.

예를 들면, 스님들에게 집안의 어려움을 이야기하면 '100일 기도'나 '천도재'를 지내라고 한다. 물론, 이게 꼭 나쁘다는 말은 아니다. 기도의 목적은 간절함에 있다. 무작정 기도만 하지 말고 진정으로 자신이 원하는 것이 무엇인지 알고 하라는 깃이다. 그리고 그 소원을 이루었을 때는 스스로 공부를 해야 한다. 그렇지 못하면 이루었던 것도 얼마 못 간다.

또한 기도는 기일이 문제가 아니다. 자신이 어려움을 어떻게 극복할 것인가에 대한 노력이 더 중요하다. 그런 다짐도 없이 '백일 기도' '1년 기도'는 아무 소용이 없다. 무작정 하는 기도는 세월만 죽일 뿐 재산을 거덜내기 쉽다.

요즘 종교인들은 신도들로부터 수입을 얻기 위해 이런 식으로 기도를 권하는 것이 태반이다. 돈을 뜯기 위해 기도를 부추기는 것에 지나지 않는다. 심지어 관세음보살이나 하나님에게 기도해서 좋아졌다는 생각을 하면 아예 거기에 빠져서 영원히 헤어나지 못하는 종교인들도 많다. 종교의 진정한 가르침은 이런 것이 아니다.

기도로써 힘들고 어려운 때를 벗어났다면 그 이후에 더 큰 가르침을 얻기 위해서는 스스로 공부를 하는 것이 더 중요하다는 뜻이다. 백일 동안 열심히 기도를 했는데도 마음속에 아무것도 얻지 못했다면, 그런 기도는 하나 마나이다. 이걸 제대로 깨치지 못하고 무소건 빌면, 나중에는 자신에게 더 큰 어려움이 정확하게 찾아온다.

기도의 힘은
자신에게서 나온다

자신을 등불로 삼고,

자신을 귀의처로 삼고,

법을 귀의처로 삼으라.

옛 고승들은 나무로 만든 불상(佛像)인 '목불(木佛)'을 섬기지 말고 '진리'를 섬기라고 했다. 여기에서 '목불'은 돌이나 나무 따위로 만든 모든 불상을 가리키는데, 즉 우상을 숭배하지 말고 붓다의 가르침에 담긴 진리를 공부하라는 의미이다. 그리고 진리는 '먼 곳에 있지 않고 바로 내 마음속에 있다.'고 해서 '즉심시불(卽心是佛)', 곧 '마음이 부처'라고 했다.

대개 불자들은 절에 가면 제일 먼저 법당으로 올라가서 불상을 향해 삼배를 올린다. 절은 붓다의 '가르침에 귀의한다.'는 의미와 자신을 낮추는 '하심(下心)'을 담고 있다. 또한 자신을 붓다의 진리의 세계로 이끌어서 참된 생을 살겠다는 일종의 다짐이다.

그런데 어떤가? 요즘 사찰들은 법당에서 불상을 향해 절과 기도를 하는 의미조차 점점 퇴색시키고 있으며 그것마저 돈벌이 수단으로 이용하고 있다. 달나라까지 가는 과학 시대에 이러한 기복종교는 그 가치를 상실한 지가 오래되었다.

2,600여 전 붓다는 제자들과 신도들에게 자신을 숭배하라는 어떠한 말도 한 적이 없었다. 《열반경》에도 자세하게 기록되어 있다. 여름 안거를 지내기 전, 붓다는 쿠시나가라로 가던 도중 베살리 근처에서 금세공업자의 아들인 춘다(Chunda)에게서 돼지가 좋아하는 버섯 요리 공양을 받고 식중독에 걸린다. 그러나 붓다는 비구들과 함께 카쿳타 강에서 목욕을 하고 비구 춘다카(Chundaka)를 불러 자신이 춘다가 올린 공양 때문에 병든 것이 아님을 일러준다. 이것은 춘다가 올린 음식을 먹고 붓다가 세상을 뜨게 되었다는 비난을 사전에 막기 위함이었다. 붓다는 마지막까지 춘다에게 '자비'와 '사랑'을 베풀었던 것이다.

어느 날 아난다가 열반을 앞둔 붓다에게 슬픈 표정으로 여쭈었다.

"세존이시여. 이제 가시면 저희들은 어디에 의지해야 합니까?"

"아난다여, 자신을 등불로 삼고, 자신을 귀의처로 삼고, 법을 등불로 삼고, 법을 귀의처로 삼아라. 아난다여. 너는 그 누구에게도 귀의하지 말고 자신을 귀의처로 삼아라."

그 유명한 붓다의 유훈인 '자등명(自燈明) 법등명(法燈明)'이다.

나는 불자도 기독교 신자도 천주교 신자도 아니지만 붓다가 남긴 금강석 같은 진리의 말씀을 각인(刻印)하고 있다. 뿐만 아니라 예수가 성경에 남긴 진리의 말씀들과 유자(儒者)인 공자가 남긴 좋은 가르침도 잊지 않는다. 이처럼 좋은 말씀들은 종교를 떠나서 그 자체로 진리이다.

이렇게 우리는 남은 생을 살아야 한다. 좋은 말은 가슴에 새기고, 버릴 것은 과감하게 버려야 한다. 이것이 바른 삶의 자세이다. 그런데 어떤가. 지금 한국 사회는 '진보'와 '보수'라는 두 갈래 길 앞에서 돌이킬 수 없이 점점 사이가 벌어지고 있다. 심지어 종교계는 선지자들의 진리는 온데간데없고, 제자라고 자칭하는 사이비들이 오직 자신들의 이익에만 몰두하고 있다. 정말 낭패다.

이러한 때 우리를 이끌 '현자(賢者)'가 필요한데 눈을 씻고 보아도 없다는 것이 큰 문제이다. 예전에 내가 신불산에서 17년간 기도를 하면서 2013년 이후 한국에 붓다와 같은 현자가 나타날 것이라고 예언한 바 있다. 그런데 아직까지 나타나지 않고 있다.

정치와 경제, 종교는 나락으로 점점 떨어지고 사람들은 사이비 종교에 푹 빠져들고 있다. 붓다나 예수, 하나님을 끌어와서 마치 자기들이 계시를 받은 것처럼 신도들을 현혹시키고 있는 것이다. 그 대표적인 집단이 바로 몇몇 사이비종교 단체들이다.

또한 사이비종교에 빠져든 신도들은 어떠한가? 그들의 말이 마치 진리인 것처럼 믿고 공격적인 포교를 한다. 마음을 닦는 공부는 안 하고 오직 '세(勢)'만 늘리는데 혈안이 되어 있다. 이것이 한국 종교의 골칫거리이다. 파악하면 불교에만 종파(宗派)가 수십 가지이고 개신교도 엄청나다. 이것은 그들이 곧 교주임을 의미한다. 이런 종교를 법으로 제어할 수는 없을까?

그럼, 사이비 종교는 어떻게 포교하고 돈을 뜯어낼까? 예를 하나 들어보자. 어떤 사람이 관세음보살에게 빌면 자신의 어려움을 해결해준다고 하니까 빌었다. 또 어떤 사람이 하나님에게 빌면 자신의 고민을 해결해 준다고 하니까 빌었다. 또 어떤 사람이 무속인을 찾아가서 큰돈을 들여서 자신의 어려움을 해결하기 위해 굿을 했다고 치자. 그래서 설령, 자신들이 가지고 있었던 어려움들이 해결되었다고 치자. 그런데 정말, 기도나 굿의 힘으로 해결했을까? 절대 아니라는 말이다.

설령, 자신의 고민이 해결되었다고 해도 그건 기도나 굿의 힘이 아니라 자신들의 노력으로 해결한 것이다. 우리 속담에 '궁하면 통한다.'는 말이 있다. 이것을 잘 생각해보라.

나는 붓다가 돌아가시면서 남긴 '자신을 등불로 삼고, 자신을 귀의처로 삼고, 법을 귀의처로 삼으라.'는 가르침에 대해 조금도

의심하지 않는다. 이렇듯 종교에서 가장 중요한 것은 바로 자기 자신이다.

이걸 제대로 깨우치지 못하고 사이비교주의 말만 믿고 기도를 하면 더 큰 어려움이 정확하게 닥친다. 그러므로 바른 기도방법은 간절하게 기도한 뒤, 나머지는 붓다나 하나님의 뜻에 맡기는 것이다. 그러지 않고 사이비교주의 말을 믿고 따르게 되면, 일시적으로 작은 고민은 해결될지 몰라도 나중에는 더 큰 어려움이 닥쳐서 더 큰돈이 들어가게 된다.

예를 들면 굿을 하는데 처음에는 300만 원이 들었지만 나중에는 7배인 2,100만원으로 늘어난다. 이것이 대자연의 법칙이다. 애초부터 잘못된 믿음에 기대는 기도는 안 하는 게 상책이다. 이것이 대자연이 원하는 기도의 원리이다. 차라리 그럴 돈이 있으면 자신이나 가족에게 쓰는 것이 더 좋다.

옛날 붓다, 예수, 하나님이 가르친 진리가 바로 이것이다. 그러니 바른 현자를 찾아야 한다.

병을 키우는 것도
바로 자기 자신이다

쓸데없는 집착이 몸속에

자꾸 화로 쌓이면

독이 되어 우울증이 된다

이렇듯 '마음의 병'은

분별심으로 인한 괴로움이 원인이다.

 사람의 병(炳)은 일반적으로 '육신의 병'과 '마음의 병'으로 나
누어진다. 지금은 의학이 발달한 시대여서 말기암이나 불치병
이 아니면 어지간한 병은 대부분 고친다. 그러나 한번 찾아든 '마
음의 병'은 쉽게 고쳐지지 않는다. 그중에서도 가장 무서운 병이
'우울증'이다.

그럼, '우울증' 같은 '마음의 병'이 현대인들에게 많이 생기는 근본적인 이유는 뭘까? 의사들은 '우울증'을 두고 자기 감정을 제대로 조절하지 못해서 생기는 일종의 정신질환이라고 정의하고 있다. 맞는 말이지만, 종교적인 측면에서 살펴보면 우울증은 정신질환보다 '마음의 병'에 더 가깝다.

사람이 화가 많으면 이것이 독이 되어 '마음의 병'이 되고 나중엔 '육신의 병'으로 이어진다. 의학적으로 분석하면 지적이고 똑똑한 사람일수록 의외로 우울증이 많다고 한다. 왜 그럴까? 자신을 끊임없이 남과 비교하기 때문인데 이때 상대적으로 소외와 불이익을 당하면 그 분노를 누르지 못해 화로 쌓인다.

이것을 제대로 풀지 못하면 '화병'이 도지고 우울증이 되어 자살이라는 극단적인 선택을 하기도 한다. 그러므로 우울증은 자기가 가진 욕심을 제어하지 못하거나 자기 생활에 만족하지 못해서 흥미나 즐거움을 잃어버림으로써 나타나는 현대병으로 보고 있다.

사람들이 무속인을 찾아가서 점을 보거나 종교를 가지는 이유도 이 때문인데 한번 찾아든 '마음의 병'을 해소하기란 결코 쉽지 않다. 또한 정신병은 상담과 약으로도 치유가 잘 안 된다. 그때 필요한 것이 바로 종교적인 가르침이다.

2,600여 년 전 붓다는 '고집멸도(苦集滅道) 사성제(四聖諦)'를 통해 마음을 잘 다스리라고 했다. '고집멸도'란 괴로움이라는 '고제

(苦諦)' 괴로움의 원인인 '집제(集諦)', 괴로움의 소멸인 '멸제(滅諦)', 괴로움의 소멸에 이르는 '도제(道諦)'이다.

요즘 현대인들에게서 생기는 모든 병의 원인도 '고(苦)'에서 온다. 그럼 '괴로움'은 무엇이며 어디에서 올까? 사실, 모든 괴로움의 원인은 남에게 있는 게 아니라 자신에게 있다. 자신을 남과 자꾸 비교하기 때문이다.

예를 들면, 우리 남편이 다른 남자들보다 돈을 못 벌어오거나, 자기 자식이 남의 자식보다 공부를 못하거나, 좋은 차를 갖지 못하거나, 심지어 자신의 외모가 남보다 떨어진다는 등 별별 이상한 걸로 비교해서 남보다 못하면 그 자체로 괴로움을 느낀다. 물질문명이 낳은 또 다른 비극이다.

이것은 우리 인간들이 참 어리석은 존재라는 걸 단적으로 보여주는 하나의 예다. 쓸데없는 집착이 몸속에 자꾸 화로 쌓이면 독이 되어 우울증이 된다. 이렇듯 '마음의 병'은 분별심으로 인한 괴로움이 원인이다. 따라서 남과 나를 비교하는 것만큼 어리석은 일도 없다. 이러한 집착이 사라지지 않는 한 우울증은 영원히 존재할 수밖에 없다. 사람이 괴로움을 소멸시키기 위해서는 스스로 마음을 다스리는 공부가 필요한데 어리석게도 점과 굿이나 종교에 의지한다는 데에 문제가 있다.

말하자면, 그런 곳에 의지해서 스스로 사이비교주의 먹잇감이 되는 것이다. 나쁜 무속인이나 사이비교주들은 궁지에 빠진 사람의 마음을 교묘하게 이용해서 재산을 빼앗거나 심지어 몸까지 요구한다. 그렇게 되면 더 깊은 지옥으로 빠지게 되는 원인이 된다.

누구나 점집에 가서 점을 치거나 굿을 시작하게 되면 어려운 일이 생길 때마다 습관적으로 다시 찾는다. 종교도 마찬가지이다. 마음이 힘들어서 사이비교주를 찾아갔더니 편해지더라는 것도 그 때문이다. 이렇게 되면 아무리 똑똑한 사람도 딱 감염이 되어 단골이 될 수밖에 없고 나중에는 있는 것 없는 것 다 끌어모아서 다시 그곳으로 달려갈 수밖에 없다.

병원이나 약국, 한의원도 마찬가지이다. 한번 병원에 가서 치료 받은 사람은 또 가게 되어 있는 것처럼, 한번 점집에 가본 사람은 또 가게 되어 있고, 굿을 한 사람은 또 하게 되어 있다. 절과 교회도 마찬가지이다. 그런 점에서 보면 종교도 결국 중독이다. 그렇지만 안 가본 사람은 안 간다.

자꾸 가게 되면 비용도 증가하게 된다. 절도 한 번만 하면 되는데 나중에는 108배가 되고 3,000배가 된다. 사실, 모든 괴로움의 원인은 자기 마음의 문제인데 도대체 이런 절과 기도가 무슨 소용이 있을까? 기도도 한 번만 해도 될 것을 자꾸 하라고 요구한다.

사실, 기도라는 것도 제 몸을 움직여서 하는 것인데 기도를 하면서 절과 교회에 왜 돈을 내야하는지 그 이유를 모르겠다. 참 아이러니하다. 기도라는 건 집에서 해도 되는데 꼭 절이나 교회에 가서 해야만 자신의 어려움을 고칠 수 있다고 믿는 것이 잘못이다.

절은 보시를 강요하지 않지만, 교회는 십일조라고 해서 자신이 번 것 중 10%를 내게 되어 있다. 세금보다도 더 큰 비용이다. 여기에서 단 1원이라도 내지 않으면 하나님이 소원을 들어주지 않는다고 엄포를 놓는다.

형편에 따라서 내는 것이 종교의 미덕인데 누구는 얼마를 내었고 누구는 얼마를 내었다는 소리를 들으면, 극도로 마음이 불안해진다. 번 것을 성금으로 내지 않으면 지옥 간다고 하는데 어찌 하나님 앞에서 거짓말을 할 수 있겠는가. 이렇듯 안 내고는 못 버티게 되어 있는 것이 교회의 십일조이다.

나중에는 황금덩어리를 갖다 바쳐도 또 내야 되는 것이 종교이다. 물론, 꼭 나쁘다는 말은 아니다. 기도를 하면서도 내가 누구인지 깨치는 것이 더 중요하나. 이것을 '자성(自省)'이라고 하는데 즉 '스스로 성찰하라.'는 것이다. '자성'을 모르면 평생 점집이나 굿, 그리고 종교에 의지할 수밖에 없고 영원히 그 속에서 빠져나오지 못하게 된다. 그러므로 모든 문제는 남이 아니라 자기 자신에게 있다.

고로 내가 어려움에 처해 있으면 왜 나에게 이런 고난이 왔는지 스스로 깨우쳐서 반성하고 노력해야 한다. 절에 가서 무릎이 닳도록 3천 배를 할 필요가 없다는 말이다. 그렇게 하면 관절만 상한나. 자신의 몸을 하대하는 기도를 하면서 돈을 쓸 필요는 없다. 그런 돈이 있으면 차라리 지식을 쌓는 데 쓰거나 가족을 위해 쓰는 것이 더 좋다. 이를 빨리 깨우치게 되면 인생은 더 윤택하고 멋질 것이다.

이것이 바로 대자연의 진리이다. 그러므로 종교보다 대자연의 진리에 자신을 맞추어서 사는 것이 더 낫다. 지나치게 신앙생활을 하거나 사이비교주에 빠져서 더 이상 인생을 낭비해서는 안 된다.

복을 많이 지으면
반드시 행운이 온다

지금 자신이 힘들더라도

복을 많이 짓고 착한 일을 하면

반드시 천운(天運)이 온다

왜냐하면 대자연의 법칙은

0.001mm의 오차도 없고

반드시 약속을 지키기 때문이다.

사람들은 "나는 하나도 잘못한 것이 없는데 왜 나에게만 이런 어려움이 찾아올까."라고 말한다. 물론, 죄를 짓지 않고 착하게 만 인생을 살아온 사람들은 그렇게 생각할 수도 있을 것이다. 그 런데 정말 전생 혹은 현생에 나는 그 어떤 죄도 지은 적이 없을까? 누구나 원죄를 지니고 있다.

이것을 '질량보존의 법칙'으로 이해하면 금방 수긍이 갈 것이다. 1774년, 화학자 라부아지에(Lavoisier)는 "화학반응이 일어나기 전과 후에 물질의 모든 질량은 항상 일정하다."는 '질량보존의 법칙'을 증명한 바 있다. 이것을 '물질보존의 법칙' 혹은 '물질불멸의 법칙' 이라고도 한다. 무려 247년 전에 확인된 일이다.

그런데 '질량보존의 법칙'이 그동안 내가 말한 '대자연의 3대 법칙'과는 어떤 역학관계가 있을까? 정확하게 말하면 붓다가 말한 '이것이 있으므로 저것이 있다.'는 '인과법'과도 밀접한 관계가 있다. 거꾸로 말하면 '저것이 없으면 이것도 없다'는 말과 상통한다. 쉽게 예를 들면 어머니와 아버지의 합일(合一)이 없었다면 나는 존재하지 않는 것과 같다. 그러니 부모가 얼마나 귀한 존재인가. 이 또한 '대자연의 법칙'이다.

다시 말해서 인간이 짓는 모든 행위들은 다른 어떤 것의 원인이 됨으로 죄를 지으면 죄의 대가를 받게 되고, 착한 일을 하면 반드시 좋은 일이 생긴다. 이것이 바로 '대자연의 법칙'이요 '질량보존의 법칙'이요 '인과법'이다.

붓다의 가르침인 '인연법'이나 '인과법' 등은 붓다가 없는 것을 발명한 것이 아니라 오랜 과거부터 있어 왔던 '대자연의 법칙'을 치열한 수행을 통해 알게 된 진리이다. 이는 무엇을 말하는 것일까?

대자연의 법칙은 우리 눈에는 보이지 않지만, 일정하게 주위를 순환하고 있다. 여기에는 한 치의 오차도 없다. 붓다와 같은 성인들은 이러한 '대자연의 법칙'을 치열한 수행을 통해서 일찍 깨쳤던 것이다.

만약 우리가 이러한 진리를 좀 더 빨리 알았더라면 엄청나게 멋지고 재미있는 삶을 살았을지도 모른다. 그렇지만 원래부터 진리라는 것은 누가 일러주기 전에는 스스로 깨우치기가 무척 힘들다. 지금이라도 위대한 '대자연의 법칙'을 깨닫는다면 앞으로의 삶은 보다 더 알차고 보람될 것이다.

이렇게 되면 사람들은 종교를 믿을 필요조차 없게 되어 오직 자기 자신만이 삶의 잣대가 된다. 착하게 살면 그만큼 좋은 과보를 받을 것이고 죄를 지으면 나쁜 과보를 얻게 된다는 '대자연의 법칙'을 깨닫게 되고 더 이상 악업을 짓지 않게 되이 저절로 행복이 찾아오게 될 것이다. 더구나 이러한 깨달음을 자식이나 친구 그리고 이웃에게 가르쳐준다면 자식들이 공부를 좀 못해도, 혹은 좋은 직장을 얻지 못해도 그저 "착하게 살면, 저절로 모든 것이 잘될 것이다."라고 가르칠 수 있고 이 사회는 보다 청정해지게 될 것이다.

행복은 재물로 결정되는 것이 아니다. 주위를 둘러보라. 돈이 많다고 명예가 높다고 권력이 있다고 행복한 사람은 별로 없다. 중요한 것은 남은 인생을 낭비히지 않고 보람 있게 자신이 하고 싶은 일을 하는 사람이 되어야 한다. 이것을 두고 옛 선자(先者)들은 걸림이 없는 '자유자재한 삶'이라고 했다. 자유자재는 남의 눈치를 보지 않고 떳떳하게 자신의 일에 최선을 다하면서 사는 걸 말한다. 이런 사람에게는 점도 필요 없고 굿도 필요 없으며 더구나 종교도 필요 없다.

지금 우리에게는 생의 길잡이가 되어줄 뛰어난 '현자(賢者)'가 필요하다. 과연 내 삶의 거름이 되어줄 스승은 어디에 있을까? 공부가 되어 있지 못하면 자기 앞에 설령 현자가 지나가도 미처 알아보지 못한다. 그래서 사람은 항상 자기 공부를 하고 있어야 한다.

그리고 지금 자신의 처지가 힘들더라도 복을 많이 짓고 착한 일을 하면 언젠가는 반드시 천운(天運)이 올 것이다. 왜냐하면 대자연의 법칙은 0.001mm의 오차도 없고 반드시 약속을 지키기 때문이다. 반대로 자신이 어떤 잘못을 저질렀다면 당장 죄를 받지 않더라도 그 대가가 반드시 따른다는 것도 명심해야 한다. 때문에 항상 몸과 마음을 바르게 하고 살아야 한다. 대자연의 법칙은 그 어떤 종교의 가치나 진리보나 훨씬 앞서 있다는 것을 지금이라도 깨우쳐야 한다. 이 또한 대자연의 진리다.

밥은 왜 먹는가?

인생은 생각보다 길지 않고 짧다

겨우 백년도 되지 않는 삶을

그저 먹고 싸고 재물만 탐하는

인간돼지는 되지 말자.

가끔 강의하다가 청중들에게 던지는 질문이 있다.

"당신은 왜 밥을 먹는가?"

청중들은 이런 질문에 대해 여러 가지 대답을 한다.

"살기 위해 먹습니다. 배가 고프니 먹습니다. 일하기 위해 먹습니다."

눌돈 '실기 위헤 머고, 배가 고프니 먹고, 일하기 위해 먹는다.'

는 말은 맞다. 먹는다는 것에 어떤 의미를 부여하는 건 쓸데없는 일이지만 이런 단순함 속에 의외로 진리가 있다. 먹는 것은 매우 중요한 일임은 분명하다. 먹지 않으면 죽으니까.

자료에 따르면 2019년 기준, 전 세계의 인구가 77억 명 정도라고 한다. 이 중에서 25% 정도가 굶주림에 처해 있으며 1년에 약 2천여 만 명이 기아로 죽는다고 한다. 대부분 아프리카와 아시아의 개발도상국들이다. 그들의 입장에서 볼 때 먹는다는 건 '생존'과 바로 직결이 된다. 그러고 보면 우리나라는 축복받은 곳임이 틀림없다.

하지만 우리가 천국 같은 곳에서 살면서 겨우 생각한다는 게 '살기 위해, 배가 고파서, 일을 하기 위해 '밥을 먹는다.'는 건 단순한 발상이다. 단지 살기 위해 먹는다면 삶의 가치는 물론, 아무런 생의 의미도 없다. 말이라도 힘들고 굶주린 사람을 돕거나 세상에 이로운 일을 하기 위해 먹는다는 건 어떨까?

우리는 업을 알게 모르게 날마다 짓고 있다. 길가다가 무심코 벌레를 밟을 수도 있고, 내가 던진 돌로 인해 개구리가 맞아 죽을 수도 있다. 이 모든 것이 업을 짓는 행위이다.

어디 그뿐인가. 몸과 입과 생각으로 짓는 '신구의(身口意)'도 업의 원천이다. 따라서 생명을 유지하기 위해 밥을 먹는 게 아니라 전생과 현생에 지은 업을 소멸하고, 좋은 업을 짓기 위해 날마다 밥을 먹고 있다고 생각하는 건 어떨까? 매일 이런 마음으로 식사를 한다면 밥 먹는 일보다 더 거룩하고 성스러운 일은 없을 것이고, 어쩌면 이 생각만으로도 당신에게 좋은 일이 생길 수도 있을 것이다.

그리고 '왜 밥을 먹는가?'라는 질문은 '왜 사는가?'에 대한 질문이다. 여기에서 '밥을 먹는다.'는 건 생명을 유지하기 위한 가장 기본적인 행위이다. 인간은 기본적으로 의식주가 해결되지 않으면 생각도 불온해지고 제대로 일을 하지 못한다.

인간이 생명을 유지하기 위해서 밥을 먹는다는 발상은 한갓 동물과 인간이 다르지 않다는 의미이다. 인간에게는 '지성'이라는 것이 있다. '지성'은 마음 수행과 지식으로 생성되고 밥은 '지성(知性)'을 쌓기 위한 하나의 양식이다. 그러므로 오로지 재물과 먹는 것에만 집착하는 건 동물과 마찬가지이다.

그럼에도 불구하고 당신은 자신의 육신을 보존하기 위해 오늘도 밥을 탐하는 것은 아닌지 모르겠다. 만약 그렇다면 당신은 개돼지보다도 못한 인간에 지나지 않는다. 이런 인간들은 오직 삶의 기준을 돈과 재물로만 세우고 판단하다 보니 자기 앞에 황금 덩어리가 떨어져도 항상 배고프다가 죽을 때가 되어서야 비로소 돈과 재물이 부질없다는 사실을 깨닫게 된다. 이처럼 어리석은 인간은 돈에 대한 집착으로 평생 동안 자신의 몸을 희생시킨다. 적당한 재물은 삶을 윤택하게 하지만 너무 많은 재물은 오히려 삶을 피폐하게 만든다. 그런데 주위를 둘러보라. 의외로 이런 인간들이 많다.

원래부터 정신이 깨어 있는 인간은 항상 배움에 허기를 느낀다. 그들은 날마다 책속의 지식을 먹고 산다. 그러니 정신은 늘 풍요롭다. 소크라테스가 '배부른 돼지보다 굶주린 인간이 더 낫다.'고 했던 것도 바로 이 때문이다. 그렇지 않은가. 지금 우리가 추구해야 할 방향은 진리에 대한 강한 욕구이다.

인생은 생각보다 길지 않다. 겨우 백년도 되지 않는 삶을 그저 먹고 싸고 재물만 탐하는 인간돼지는 되지 말자. 만약 당신이 돼지처럼 산다면 내생(來生)에도 돼지로 태어날 것이다. 그게 당신의 '업보'이다.

대자연의 법칙으로 받아들이면
마음이 편안하다

누구든 남에게 피해를 입을 수는 있지만

그 사람을 용서할 권리는

자신에게 주어지지 않았다

이것이 바로 대자연의 진리이다.

몇 년 전 주인공이 생일날 뺑소니 사고로 약혼자를 잃은 이야기를 그린 '오늘'이라는 영화를 본 적이 있다. 주인공은 지독한 슬픔 속에서도 가해자를 용서하면 모두가 행복해질 거라는 생각에 가해자를 용서하지만 1년 후 자신의 생각과는 달리 가해자는 뺑소니 사고로 또 다른 사람을 죽이고 만다는 설정이다.

이 사실을 알고 난 주인공은 엄청난 삶의 소용돌이 속으로 휘

말린다. 자신이 가해자를 용서하지 않고 죄의 대가를 받게 했다면 또 다른 사람이 희생되지 않았을 것이라는 자격지심으로 마음의 고통을 받았다.

영화는 '용서'라는 문제를 두고 관객들을 많은 생각으로 이끈다. 관객들은 영화를 보면서 무엇을 느꼈을까? 만약 당신이 이런 상황을 겪는다면 과연 가해자를 용서했을까? 결과적으로는 주인공이 어리석은 용서를 한 것은 분명하지만 그렇다고 그가 잘못했다는 것은 아니다.

나는 '용서'에 대해서 다른 관점을 가지고 있다. 세상의 모든 일들에는 눈에 보이지 않는 '대자연의 법칙'이 작용하기 때문에 누가 누구를 용서하고 말고가 없다는 것이다.

예를 하나 들어보겠다. 어느 날, 아들이 학교폭력을 당해 죽게 되었다. 아버지는 자기 아들을 죽인 그들에게 복수하다가 자신도 죄인이 되고 만다. 자신의 아들이 아닌 다른 학생이 학교폭력으로 죽었다면 아마도 그토록 증오하지는 않았을 것이다. 자기 자식이 죽었으니까 증오했던 것이다. 당신이라면 애지중지 길러온 아들을 죽인 가해 학생을 과연 용서할 수 있을까? 하필이면 왜 자신의 아들이 학교폭력의 희생양이 되었을까? 이렇듯 모든 죽음은 누군가에게는 희생이다.

전쟁도 마찬가지이다. 누군가 죽지 않았다면 또 다른 누군가가 죽었을 것이다. 때문에 설령, 억울한 죽음을 당했다고 하더라도 원한은 원한을 낳기 때문에 섣부른 행동은 오히려 큰 문제가 생길 수 있다.

그럼 어떻게 해야 할까? 이 사회에 법이 있는 한 거기에 맡겨 둬야 한다. 법이 가해자에게 벌을 주든 용서를 하든 우리는 기꺼이 수긍해야 한다. 그렇지 못하고 복수를 했을 땐 더 큰 상처를 받게 된다.

자식 잃은 부모의 슬픔은 말로 다 표현할 수 없다. 그런데 가해자는 슬플까? 결코 그렇지 않다. 어쩌면 도망갈 궁리만 하고 있을 것이다. 만약 가해자가 사람을 죽이고도 끝까지 잡히지 않는다면 사회의 법이 잘못된 것이다. 나의 요지는 누구의 잘잘못을 따지자는 것이 아니라 이 사회에서 일어나는 모든 현상들을 '대자연의 법칙'으로 초연하게 받아들이면 마음이 편안해진다는 애기이다.

사람은 평생을 살면서 슬픔과 기쁨을 번갈아 겪을 수밖에 없다. 슬픔도 있고 기쁨도 있다. 그래서 옛날 선자(先者)들은 '좋은 일에는 항상 나쁜 일도 생긴다.'고 해서 '호사다마(好事多魔)'라고 했다. 이 또한 대자연이 인간을 공부시키기 위함이다. 하지만 정녕 억울함을 받아들일 수 없다면 열심히 그에 대한 연구라도 해야 한다. 이조차 하지 않는다면 더 큰 아픔을 겪게 될지 모른다.

모든 고통에는 원인이 있고, 이것을 제대로 알지 못하면 분명히 더 큰 아픔을 겪게 된다. 이것이 바로 '대자연의 법칙'이다.

누구든 남에게 피해를 입을 수는 있지만 그 사람을 용서할 권리
는 자신에게 주어지지 않았다. 그럼 누가 용서를 해야 할까? 상대
방을 용서하느냐 하지 않느냐는 우리가 만든 사회법에 달려 있다.
물론 이해가 쉽게 되지 않겠지만 모든 것은 우리가 만든 사회법에
맡겨야 한다. 이 또한 '대자연의 법칙'이다. 이것이 올바른 '용서'
이다.

오직 대자연만이 용서할 수 있다

내가 어떤 아픔을 겪었다면

그 원인을 빨리 찾아서

내가 나를 용서하도록 해야 한다

그래야만 상처가 빨리 치유된다.

　현대사회는 물질문명에 의해 인간성이 점점 사라지고 있다. 때문에 인간은 참으로 고독하고 외롭다. 실로 각박한 이 시대를 살다 보면 때론 자신이 피해자가 되기도 하고 가해자가 되기도 한다. 따라서 누가 누구를 용서하고 말고가 없다. 다만, 그 판단은 대자연만이 할 수 있다. 만약 누군가가 잘못을 저질렀다면 그 대가를 반드시 받게 해야 한다. 그러지 않으면 영화 '오늘'처럼 뒤통수를 맞을 수도 있다. 그러므로 '인간은 죄를 지은 인간을 용서할 자격이 없다.'는 것이다.

영화 '오늘'에서처럼 자신의 가족을 자동차 사고로 죽인 가해자를 두고 피해자가 "저 사람을 용서해 주십시오." 하고 기도를 하지만 사실 이것은 진정한 용서가 아니다. 피해자가 하나님이나 부처님에게 빌면서 "내 자식과 남편을 죽인 사람을 용서해 주십시오."라고 하는 건 "용서해 주십시오."라고 말만 한 것이지, 진심으로 용서한 것이 아니라 복수의 다른 모습에 지나지 않는다. 용서의 주체는 내가 아니라 '대자연'이다. 지금 우리가 의지할 것은 오직 '대자연의 법칙'뿐이다.

만약 가족을 죽인 사람을 진심으로 용서했는데 가해자가 웃고 있다면 분노하지 말아야 한다. 큰 아픔을 당하고도 용서해주었는데 가해자가 희희낙락하고 있는 모습을 보고 격분한다면 나는 그를 완전히 용서하지 못했다는 증거가 된다. 만약 용서를 했다면 가해자가 어떤 짓을 하더라도 마음의 동요를 일으키면 안 된다. 왜냐하면 '용서'에는 객기가 없기 때문에 참으로 힘들다. 그러므로 누군가가 내게 돌이킬 수 없는 큰 죄를 저질렀다면 그를 위해 하나님이나 부처님 혹은 대자연에게 용서해달라고 기도하는 것은 바른 용서가 아니라는 얘기이다. 그럼 누가 사람을 죽인 살인자의 죄를 묻거나 용서해야 할까? 그것은 오직 사회법만이 할 수 있으므로 법에 맡겨야 한다.

자식이 누군가의 잘못으로 죽으면 누가 가장 마음이 아플까? 부모이다. 남편이 뺑소니 사고로 죽으면 누가 가장 마음이 아플 까? 가해자보다는 부인이나 가족의 마음이 더 아프다. 그런데 우 리는 왜 가해자를 용서해야 할까? 내가 아픔을 겪었으면, 그 가 해자를 용서하면 안 된다. 죄를 지은 사람은 죄의 대가를 받게 하는 것이 '사회법'이고 '대자연의 법칙'이다.

이와 달리 하나님이나 부처님에게 그 사람을 용서해달라고 기 도했다면 모든 원인은 바로 그 가해자에게 있을까? 그게 아니라 아픔을 당한 것은 바로 나 자신이기 때문에 진정으로 용서받아 야 할 사람은 바로 나다. 내가 왜 이런 아픔을 겪고 있는지 그 원 인을 빨리 찾아서 치유하는 게 급선무이다. 다시 말하면, 가해자 를 용서할 것이 아니라 내가 용서받아야 한다. 인생의 진리는 내 가 어떤 아픔을 겪었다면 그 원인을 빨리 찾아서 내가 나를 용서 하도록 해야 한다. 그래야만 빨리 상처가 치유된다.

왜 그럴까? 내가 바로 죄인이기 때문이다. 물론, 이것은 평범 한 사람이 생각할 수 있는 일은 아니다.

진정한 기도는 남을 탓하는 것이 아니라 대자연이라는 절대자 에게 '나를 용서해 주십시오.'라고 하는 것이다. 이것이 진정한 깨달음이다. 자신의 잘못이 무엇인지를 제대로 아는 것이 참된 용서이다. 절대자에게 용서해달라고 기도하고서 자신의 잘못을 찾지 않는다면 다음에는 더 큰 시련을 겪게 된다.

누군가가 잘못을 지적하면 사람들은 "내가 뭘 잘못했지?"라고 반문한다. 그럴 때 필요한 것이 지혜인데 그런 시련을 겪고도 스스로 그 원인을 찾지 못한다면 스승을 찾아서 조언을 구해야 한다. 그렇지 못하면 자신에게 큰 어려움이 자꾸만 찾아올 수밖에 없다. 이처럼 자신에게 나쁜 일이 발생하면 그 원인이 무엇인지 파악하고 제대로 정리하고 나면 두 번 다시는 그런 일이 생기지 않고 행복이 찾아오게 된다. 그런데 이런 과정을 잘못 처리하면 필연적으로 나쁜 일이 자꾸 일어날 수밖에 없다.

자신에게 안 좋은 일이 왔는데도 즉시 해결하지 못하면, 이것이 나쁜 예고가 되어 필연적으로 좋지 않은 일이 또 생긴다. 자신에게 찾아온 나쁜 일은 또 다른 나쁜 일을 끌고 오는 예고장이므로 나쁜 일을 한 번이라도 겪으면 이를 완전히 해소해야만 한다.

한 번쯤 눈을 돌려 주변을 살펴보면, 교통사고를 당한 집안은 또 당한다. 한 번 병원에 간 사람은 수시로 가게 된다. 한 번 죄를 지은 사람은 또 죄를 짓는다. 왜 이런 일이 자꾸 반복해 생길까? 자신에게 생긴 문제를 깨끗하게 해소하지 못했기 때문이다.

직장생활도 마찬가지로 동료에게 욕을 먹는 사람은 계속 먹고, 한번 사기당한 사람이 또 당하고, 도둑맞은 사람이 또 도둑을 맞는다. 원인은 뭘까? 그런 일을 당하고도 원인을 파악하고 빨리 해결하지 않았기 때문이다. 그러므로 우리가 공부를 통해 이를 깨우치지 않으면, 불행이나 나쁜 일에서 완전히 벗어날 수 없다.

가장 헛된 말이 '남을 용서한다.'는 말이다. '용서'의 반대말은 '복수'인데 원래 이것은 인간이 할 수 있는 일이 아니라 대자연만이 할 수 있다. 어리석은 인간의 지혜로서 판단할 수 없는 것이다. 그러므로 인간의 분별력으로 누군가를 용서하거나 복수를 한다는 건 있을 수 없다.

원래부터 인간은 죄인이다. 따라서 인간은 '용서'하면 더욱 더 나빠진다. 누군가를 용서하면 마치 선심을 베푸는 것 같이 보이지만 그로 인해 더 큰 피해를 볼 수 있기 때문에 함부로 용서를 해서도 안 된다. 만약 '용서'를 구한다면 자신에게 '용서'를 구하는 것이 정답이다. 우리가 사는 세상이 정말 행복하려면 '용서'도 '복수'도 없어야 한다. 그저 대자연의 이치에 따라 순리대로 살면 된다.

요즘 드라마를 보면 아픔을 당한 사람이 끝까지 복수하면서 '권선징악'과 '인과응보'가 마치 당연한 일처럼 묘사한다. 항상 결론만 있고 이후의 삶에 대해서는 안 나온다. 마치 그것이 진리인 양 보여주지만 사실은 허구이다. 왜 그럴까? 복수를 했으면 감옥에 가거나 평생 도망자가 되어야 하는데 그렇게 되면 드라마가 아니다. 따라서 누구를 '용서'하는 것도 개인의 분별이며 집착에 지나지 않는다. 누가 누구를 용서하는 것이 '진정한 용서'가 아니라 대자연으로부터 용서를 받는 것이다. 또한 내가 용서받지 못한다면 나는 그 누구도 용서할 자격이 없다.

5부

깨달음에는 경계가 없다

거지에게는 거지만의 깨달음이 있고
노동자는 노동자만의 깨달음이 있고
지식인은 지식인만의 깨달음이 있고
지도자는 지도자만의 깨달음이 있다.

어떤 사람이
'인복(人福)'이 많나

인복이 진짜 많은 사람은

자신이 삶의 중심을 잃고 헤맬 때

바른 길을 가라고 귀싸대기를 올려서

정신을 번쩍 들게 하는 그런 이가

곁에 많은 사람이다.

"선생님, 저는 왜 이렇게 인복(人福)이 없을까요?"

나를 찾아오는 사람들이 천편일률적으로 늘어놓는 푸념이다.

그럴 때마다 내가 으레 으름장을 놓는다.

"허허, 그동안 복을 많이 지었는지요? 그래야 인복이 있습니다."

주변을 살펴보면, 어려움에 처해 있을 때마다 꼭 구세주가 나타나는 등 유독 인복이 많은 사람이 있다. 아마 당신 주변에도 그런 사람이 있을 것이다. 구세주는 죄악과 죽음에서 구원을 해준 예수 그리스도를 일컫는 말인데, 비유적으로 어려움이나 고통에 처해 있을 때 구해주는 이를 뜻하는 말이기도 하다.

그럴 때마다 "저 사람은 전생에 무슨 복을 많이 지었기에 '인복'이 저리도 많을까?" 하고 의문이 들 때도 있을 것이다. '인복'은 사람 '인(人)' 자에 복 '복(福)' 자로서 복 중에서도 가장 큰 복이다. 그런데 '인복'이 많은 사람들을 보면 인생을 잘 살아서 그런건지 사주가 좋아서 그런 건지 다들 무척이나 궁금해한다.

'인복'을 얻으려면 먼저 '인복'의 정의가 무엇인지를 제대로 알고 있어야 한다. 일반적으로 곤란한 일에 빠져서 고민하고 있을 때 혹은 돈이 무척 급할 때, 쌀이 떨어졌을 때 해결해주거나 자신에게 잘해주는 사람이 주변에 많으면 우리는 '인복'이 많다고들 한다. 그런데 진짜 '인복'이 많아서일까? 이것을 '인복'이라고 생각한다면 이 세상에 '인복' 없는 사람은 하나도 없을 것이다.

'인복'이 진짜 많은 사람은 자신이 삶의 중심을 잃고 헤맬 때 바른 길을 가라고 귀싸대기를 올려서 정신이 번쩍 들게 하는 그런 이가 곁에 많은 사람이다. 말하자면 자신에게 삶의 길을 올바르게 갈 수 있도록 깨우침을 주는 사람이 진짜 구세주라는 것이다. 도움은 받는 사람이나 주는 사람이나 한 번이면 족하다. 힘들다고 해서 자꾸 도와주는 이는 자신을 오히려 절벽으로 밀어내는 사람이다.

요즘 사람들은 자신에게 잘못을 지적하는 이를 오히려 대놓고 욕을 해댄다. 누군가가 싫은 소리를 하면 버럭 화를 내거나 심지어 멱살까지 쥔다. 이것은 굴러온 '인복'을 스스로 차버리는 행위이다. 이런 이는 근기(根氣)가 낮고 생각이 얕은 사람이기 때문에 남이 자신에게 도움이 되는 말을 해줘도 이익이 되는지 악이 되는지를 판단조차 못한다. 내 말의 요지는 지혜와 지성을 갖춘 사람만이 많은 '인복'을 타고난다는 것이다.

당장 집에 쌀이 떨어져서 식솔이 배를 굶주리고 있을 때 누군가가 나타나서 도움을 주면 고마운 건 당연하다. 하지만 그보다도 더 중요한 것이 있다. 도움을 받은 사람이 나는 "왜 힘들까? 비록 지금은 어려운 처지에 있지만, 열심히 일해서 반드시 보답해야지." 하는 강한 의지를 가지고 있는가이다. 자신이 어려움에 처한 근본적인 원인을 찾아서 스스로 고치려고 노력해야 한다. 남을 도울 때도 어려움을 벗어나고자 하는 강한 의지가 없는 사람에겐 '깨진 독에 물 붓기'에 지나지 않음으로 단 한 번이면 족하다. 자기 반성이 없는 사람에겐 도움을 주지 말라는 것이다. 이런 사람은 결코 고통 속에서 스스로 벗어나지도 못한다.

그리스의 철학자 아리스토텔레스는 사람은 혼자 살 수 없는 존재이며 더불어 살아가는 존재라는 의미에서 '사람은 사회적인 동물이다.'라고 강조한 바 있다. 이것의 진짜 의미는 '사람에게서 배우고, 사람에 의해 깨닫고, 사람에 의해 모든 것이 이루어진다.'는 것이다.

지금은 사람과 사람이 초현실적으로 연결된 '커넥트 파워(connect power)' 시대이다. 이건 무얼 말하는가? 한 사람이 수만 명과 연결되어 있기 때문에 누가 잘하는지 못하는지 한눈에 다 보인다는 뜻이다. 이런 시대에는 '인복'이 많은 사람이 성공하기 쉽다. 반대로 나쁜 사람들에 의해 사기를 당하기도 쉽다. 하지만 이 또한 자신이 만든 인연의 결과물로서 욕심 때문에 일어나는 일이다. 자신의 주변에 좋은 사람과 나쁜 사람이 있는 것도 다 자신의 그릇에 의해 결정된다는 얘기이다.

그러므로 지금부터라도 '인복'에 대해서 우리는 다시 한 번 깊이 생각해야 한다.

'인복'을 얻으려면 본성(本性)은 선하되, 항상 깊이 생각하고 행동해야 한다. 내가 힘들 때 용기를 주고 질책하는 이가 곁에 많다면 그는 진실로 인복이 많은 사람이지만, 반대로 힘들 때마다 도움을 주는 사람은 내가 삶의 진리를 깨칠 수 있는 기회를 막고 오히려 화를 던져 주는 사람이다. 술을 잘 사주거나 선물을 하는 사람이 많다고 해서 스스로 인복이 많다고 착각하지 마라. 어려움에 처해 있을 때 내가 극복할 수 있도록 곁에서 현명한 조언을 해 줄 수 있는 이가 주변에 많은 사람이 진짜 인복이 있는 사람이다. 만약 그런 사람이 지금 당신 곁에 있다면 '나는 그 사람의 도움이 있었기 때문에 지금의 내가 있다.'고 당당하게 말할 수 있어야 한다.

쓴소리가 진정한 도움이다

힘들다고 해서 남의 도움을
지속적으로 받는 것은 비굴한 삶이다
이런 사람은 가난 속에서
영원히 벗어날 수 없다.

나는 주식 투자에는 전혀 관심이 없다. 그러나 나라 경제에는
무척 관심이 많아서 주식 시장의 흐름에 대해서는 가끔 귀를 기
울이는 편이다. 일반적으로 주식 시장의 논리는 이익을 얻는 자
와 손해 보는 자로 나누어져 있다. 한쪽이 수익을 내면 반대쪽은
그만큼 손실을 보는 것이 주식 시장이다. 그래서 경제학자들은
승자와 패자가 극명하게 이분법적으로 나눠지는 주식 투자를 두

고 '제로섬 게임'이라고 부른다.

지금부터 이에 대한 예를 하나 들어보겠다.

기독교나 불교에서는 병든 이와 생활이 힘든 이를 많이 도우면 천당이나 극락에 간다고 한다. 물론 남을 돕는 건 좋은 일이고 칭찬받아서 마땅한 일임은 틀림없다. 그런데 주식 시장의 '제로섬 게임'으로 분석해보면, 누군가로부터 계속 물질적으로 도움을 받은 사람은 남을 귀찮게 했으니까 반드시 지옥에 가게 된다는 것이다. 또한 그런 사람은 나중에도 남의 도움을 받아야만 살아갈 수 있다.

이런 점에서 보면 종교에서 강조하는 자비심이 꼭 좋은 것만은 아니다. 혹자는 "그럼, 남을 돕지 말라는 말인가?"라고 반문할 것이다. 내 말의 의미는 남을 도울 때도 한 번 더 생각해 보고, 어떤 것이 그 사람에게 진정한 도움이 되는지를 깊이 생각하라는 것이다.

오늘날의 정부는 국가의 재정 상태를 고려하지 않고 과도한 '포퓰리즘 정책'을 펼치고 있다. 일자리를 구하지 못해 경제적으로 어려운 사람을 위해 도움을 주고 있는 것이다. 그러나 마냥 그들에게 도움을 주는 것만이 능사가 아니라 실업자들이 먹고 살 수 있는 일자리를 만들어 주는 것이 급선무이다.

그런데 어떤가. 돈이 나올 구멍은 대기업밖에 없다. 규제를 풀어서라도 대기업의 투자를 유도하여 실업자를 구제하기 위한 일

자리를 만들어야 한다. 그렇지 않고 실업자들에게 눈앞의 도움만을 자꾸 주다가 일시적으로 지원을 끊고 나면, 나중에는 오히려 그들을 지옥에 빠트릴 수도 있고 나라 경제도 위험해질 수 있다는 것이다. 그 한 예가 그리스나 베네수엘라 등이다. 그런데 왜 정부는 대기업의 투자를 유도하지 못할까? 정부가 오히려 대기업들의 눈치를 보고 있기 때문이다.

사실, 옛날에는 배고픈 이에게 식량을 주고 헐벗은 사람들에게 옷을 주면 도움이라고 생각했다. 하지만 지금은 절대적인 빈곤에 처해 있지 않기 때문에 무조건적으로 도움을 주면 오히려 '해(害)'가 될 수도 있다.

아마 여러분도 이런 경험이 있을 것이다.

"나는 그 사람이 어려울 때 김치도 담아주고, 쌀도 주고, 또 방도 줬다."

그런데 어떻다는 말일까? 누군가에게 배신을 당했다는 뜻이다. 뭔가 배신을 당했기 때문에 이런 소리를 한다. 마음으로 도와야 하는데 물질로 도왔다고 착각하니까 역으로 두들겨 맞게 된 것이다. 왜냐하면 그 사람이 스스로 깨달을 수 있는 기회를 일시적인 물질의 도움으로 막아 버렸기 때문이다. 힘들다고 해서 남의 도움을 지속적으로 받는 것은 비굴한 삶이다. 이런 사람은 가난 속에서 영원히 벗어날 수 없다. 차라리 어려울 때 나에게 쓴소리를 하는 사람이 진짜 나를 도와주는 사람이라는 얘기이다.

물론 도움도 주고 쓴소리도 하는 사람이면 더 좋다. 그렇지 않고 경제적인 도움만 주고 제대로 된 가르침을 주지 않는다면 그를 지옥에 빠뜨리는 것과 다름없다. 당장 굶어죽지 않는다면 차라리 도와주지 않는 것이 더 좋다. 경제적인 도움은 주되 올바른 길을 갈 수 있도록 잘 인도하는 것이 '진정한 도움'이다. 이것을 지금의 우리 정부와 정치인들이 함께 해야 한다.

무조건 도움을 주는 것만이
능사가 아니다

착한 것은 그저 착한 것일 뿐,

그것이 바른 길은 아니다

착한 것과 바른 것을 바르게 보고

판단하는 지혜를 가진 사람이 되어야 한다.

불경(佛經)에서는 '보시하면서도 도와주었다는 마음을 내지 말라.'는 뜻으로 '무주상보시(無住相布施)'를 강조하고 있다. 그러나 오늘날의 물질문명 사회에서 보면 이 말은 많은 '어폐(語弊)'가 있다. 내가 불교의 진리를 폄훼하려고 하는 건 아니다. 이것은 무려 2,600여 년 전 우리가 체계적으로 지성과 지식을 갖추지 못했을 때 나온 불교적 논리에 지나지 않는다.

남을 위한 일방적인 도움은 오히려 그를 더 힘들게 만든다. 힘든 사람을 도와주고 나서 그조차 잊어버리게 되면 어떤 일이 생길까? 내가 가진 걸 모두 빼앗길 수도 있다. 따라서 불교에서 강조하는 '무주상보시' 측면에서 보면 내가 도움을 준 사람은 결국 가난에서 벗어나지 못한다는 얘기이다.

왜냐하면 무조건 받아먹기만 하니까 그렇다. 만약 그 사람이 남의 도움을 받고 살아서는 안 되겠다는 인식을 갖게 한다면 단 한 번의 도움만으로도 능히 일어설 수가 있다는 뜻이다.

그런데 만약 내가 물질적으로만 도움을 주었던 그 사람이 복권에 당첨되어서 나보다 더 잘 살게 되었다면 어떨까? 반대로 나는 망했을 수도 있다. 그러므로 내가 정신적이 아닌 물질적으로만 도움을 주었던 사람은 나중에 내가 힘들어서 찾아가도 결코 도움을 주지 않는다.

"내가 옛날에 당신을 많이 도와줬는데 왜 당신은 나를 돕지 않느냐? 당신은 은혜를 모르는 나쁜 사람이다. 그렇게 살지 마라."

급기야 싸움이 벌어질지도 모른다. 그런 점에서 냉정하게 현실을 판단해야 한다. 과연 누구의 잘못일까. 지혜가 없어서 사람을 잘못 판단하고 도운 자신의 대가인 것이다. 남에게 도움을 주었다는 건 현재의 일이 아니라 과거의 일이므로 그걸로 판단해서는 안 된다. 그것은 이미 과거의 일에 지나지 않는다.

이것이 현대사회가 가진 종교의 무지이다. 종교라는 것도 현실에 맞게 진화해야 한다. 남의 것을 빼앗은 사람은 빼앗은 만큼 가지지만, 빼앗긴 사람은 그만큼 잃는 것이 현대 물질문명 사회이다. 그렇다면 뺏기고 빼앗는 시대에 사는 우리는 과연 어떤 잣대를 가지고 살아야 할까? 정답은 선함을 잃지 않고 자신에게 주어진 본분에 최선을 다하면서 사는 것이다.

요즘 사람들은 사주를 많이 본다. 사주는 몇백 년 전에 쓰던 것들을 가지고 용어를 끼워 맞춰서 내려온 일종의 '관상학(觀相學)'이다. 그런데 이것을 과학과 물질문명이 발달한 시대에 살고 있는 현대인들에게 적용한다는 건 엄청난 모순점이 있다. 무식할 때 만든 논리가 과학이 눈부시게 발전한 현시대에도 통용된다고 생각하는 건 도무지 이해가 되지 않는다. 물론 사주가 철학의 밑거름인 것은 사실이지만, 이제는 달라져야 한다. 이것이 패러다임의 전환이다.

우리는 과거의 생각과 사고를 바꾸지 않으면 안 된다. 또한 잘못된 종교적 가르침들도 이제는 바꿔야 한다. 진정한 도움은 물질에 있는 것이 아니라 바로 정신적인 가르침에 있다.

만약 누군가가 남을 도왔다면 동정심의 발로로 착한 일을 한 것이지만, 그렇다고 바른 일을 한 것은 아니다. 배고픈 이가 있으면 당연히 그를 도와 굶주림에서 벗어나게 하는 것은 선한 일이지만, 굶주림 속에서 스스로 일어날 수 있도록 깨닫게 하는 것이 바른 가르침인 것이다.

지금까지 우리가 가지고 있었던 선한 일과 바른 일에 대한 잘못된 시선을 이제는 바꿔야 한다. 착한 것은 그저 착한 것일 뿐, 그것이 바른 길은 아니다. 착한 것과 바른 것을 올바르게 보고 판단하는 지혜를 가진 사람이 되어야 한다.

동정과 도움은 근본적으로 다르다. 옛날에는 동정심에 이끌려서 도와주었지만 오히려 가난한 이를 더욱더 가난하게 하거나 심지어 나중에 뒤통수를 맞는 일이 다반사였다. 때문에 동정심으로 남을 돕는 것은 옳지 않다. 그보다는 그의 미래를 보고 그가 바른 일을 할 수 있도록 인도해야 한다. 이것이 진정한 베풂이다.

양심의 가책이란 무엇인가

실력으로 정정당당하게 경쟁하는

사회 속에서의 리베이트는

일종의 성과금과 같기 때문에

양심의 가책을 받을 필요가 없다.

　사람은 동물과 달리 사물이나 현상을 앞에 놓고 사고(思考)를 통해 분별하는 능력인 '지성(知性)'을 가지고 있다. 그리고 '지성'은 사람의 성장에 가장 필요한 '원천(源泉)'이다.

　사리분별을 제대로 못하는 사람을 두고 우리는 '똥인지 된장인지 구별 못한다.'고 한다. 한마디로 생각 없이 넋 놓고 사는 사람을 가리키는 말이다. 이런 사람과의 대화는 그야말로 숨이 꽉 막혀서 어떤 이야기를 해도 알아듣지 못한다. 왜 그럴까? 숲을 보지는 못하고 나무만 바라보는 어리석음 때문이다. 이런 사람에게는 애초부터 지성이 존재하지 않는다.

그럼, 지성을 증득하기 위해서 어떤 노력을 해야 할까? 책을 많이 읽어서 지식을 쌓고, 마음 수행을 열심히 하면 된다. 이로 인해 성숙한 정신과 지식이 합일(合一)되어 나중에 지성으로 바뀌게 되면 사물을 판단할 수 있는 지혜가 생긴다. 따라서 지성이 없는 사람은 지혜도 없다.

요즘 어떤 일을 앞에 놓고 '옳고 그름'을 제대로 판단하지 못해서 고민하다가 상담을 요청하는 사람이 가끔 있다.

"친구가 건설 공사에서 입찰 보는 일을 하고 있다고 합니다. 그런데 입찰이 끝나고 나면 상대방이 그에 대한 보답으로 가끔 리베이트를 챙겨준다고 합니다. 이 일로 인해서 친구가 '양심의 가책' 을 많이 느낀다고 하는데 리베이트를 받지 말아야 할까요?"

우리는 세상을 살면서 그때그때 어떤 중요한 일을 놓고 판단해야 할 일이 많이 있다. 그때 필요한 것이 바로 지혜인데 지금 하고 있는 일이 옳은지 그른지 판단하는 건 말처럼 쉽지 않다.

리베이트는 일종의 뒷돈으로 자칫하면 뇌물로 오해 받을 수도 있다. 특히, 뇌물죄는 아주 큰 죄이므로 '양심의 가책'을 받을 수밖에 없다. 나는 이 어려운 질문에 대해 17년 동안 깊은 산속에서 홀로 수행하면서 증득한 지혜를 바탕으로 조언했다.

원래 '가책(訶責)'은 인도의 붓다 시절 계율을 어기는 수행자들을 처벌할 때 쓰인 말이다. 수행자가 계율을 어기면 비구계를 받지 못하는 것은 물론, 설령 수계를 받았다고 하더라도 대중 앞에서 법문을 하지 못할 뿐만 아니라 직책도 맡지 못하고 모임에도 참석하지 못하게 한 데서 유래했다. 그러나 현대에 와서는 '가책(呵責)'이란 말은 '자신의 잘못을 뒤돌아보고 책망한다.'는 말로 바뀌었다.

대부분의 사람은 누구나 본질적으로 '양심'을 가지고 있다. 그래서 이 사회가 유지될 수 있는 것이다.

어쨌든 나는 다시 상담자의 질문으로 돌아가겠다. 외국 기업들은 리베이트를 상거래에서 오랫동안 인정받아온 일종의 거래 과정으로 보고 있다. 적당한 리베이트는 오히려 경제를 활성화시키고 일의 의욕을 높이기 때문에 외국에서는 관행처럼 리베이트를 지급하기도 한다.

하지만 한국에서는 정상적이지 않고 과도하게 리베이트를 제공하는 것은 공정거래법상에서 뇌물로 보고 금지하고 있다. 여기에서 과도한 리베이트라는 말에 주목할 필요가 있다. 요즘엔 술접대, 성접대, 그리고 수억 원에 이르는 리베이트가 종종 문제시되고 있다.

만약 리베이트가 과도한 것이 아니라면, 열심히 일한 대가이기 때문에 '양심의 가책'을 느낄 필요가 없지만 그것을 투명하게 밝힐 필요는 있다. 그렇지 못하면 주변으로부터 큰 오해를 받을 수가 있다. 그게 싫다면 당연히 받지 말아야 한다.

요즘 사회는 '소통의 시대'이다. 여기에서 소통이란 대화만 뜻하는 것이 아니라 물질과 물질, 일과 일, 정신과 정신을 나누는 걸 말한다. 즉 무언가를 주고받는 사회라는 뜻이다.

그런데 오늘날 한국 사회는 어떤가. 법의 강력한 규제로 인해서 정당한 리베이트조차 인정하지 않고 있다. 왜 그럴까?

눈에 보이지 않는 뇌물과 소위 '뒷돈'이 판을 치기 때문이다. 이것은 아직 정정당당하게 실력으로 경쟁하는 사회가 만들어지지 않은 탓이기도 하다. 실력으로 경쟁하는 사회 속에서의 리베이트는 일종의 성과급과 같기 때문에 양심의 가책을 받을 필요가 없다.

문제는 실력 없는 사람이 리베이트를 주고받는 것이다. 그런 점에서 보면 리베이트는 자본주의 사회가 빚어낸 크나큰 모순이다. 하지만 리베이트도 사회를 움직이는 하나의 축이다. 아까도 말했지만 서로 눈감아 주는 것보다는 오히려 정정당당히 리베이트를 주고받는 사회가 더 좋다는 얘기이다. 어둠 속에서만 주고받으니까 이것이 나중에 뇌물이 되는 것이다. 정당한 리베이트를 받았다면 애써 '양심의 가책'을 느낄 필요는 없다. 오히려 이 일을 계기로 더 좋은 성과를 만들면 된다.

여여(如如)함이 곧 기적이다

코로나라는 전염병이

전 세계를 휩쓸고 있는 시점에

하루하루를 숨 쉬면서 살고 있는 것

그 자체가 바로 기적이다.

  얼마 전, 국립대학교에서 30여 년간 강의하다가 정년퇴임을 한 어떤 교수가 내게 의미심장한 질문을 던졌다.

  "선생님, 제가 어려운 질문을 하나 할까 합니다. 앞으로 남은 인생은 어떤 비난이나 칭찬에도 흔들리지 않고 바람처럼 시냇물처럼 걸림 없이 여여(如如)하게 살고 싶은데 어떤 마음가짐을 가져야 할까요?"

나는 교수의 질문을 받고 갑자기 숨이 딱 막혔다. 왜 그랬을까? 교수의 말에는 '어려운 질문'이라는 자신의 견해가 이미 깔려 있었기 때문인데 제자가 스승에게 질문하는 것처럼 하면서도 왜 '어려운 질문'을 하겠다고 했을까? 거기에는 자신이 지식을 가진 학자라는 자만심이 은연중에 깔려 있기 때문은 아닐까? 또한 당신은 내가 던지는 이 어려운 질문에 대해 명징한 해답을 주지 못할 것이라는 전제가 깔려 있었던 것은 아닐까?

"교수님은 어려운 질문을 하신다고 했지만 사실, 제일 쉬운 걸 묻고 있습니다. 그저 여여하게 살면서 깨달음을 얻으면 됩니다."

교수가 다시 질문을 던졌다.

"그럼 선생님, 여여함은 어떤 상태를 말하고 깨달음은 무얼 말하는지요?"

나는 여여함과 깨달음에 대한 질문을 받고 거침없이 말했다.

"날마다 아침에 일어나서 밥을 먹고 저녁에 잠드는 것이 여여함이요, 이게 인생임을 느끼는 것이 깨달음입니다."

교수는 갑자기 무릎을 탁 치고 이런 말을 했다.

"선생님은 이 시대의 진정한 어른입니다."

뜻밖이었다. 질문을 던지던 그의 눈빛과 말투에는 자만심이 가득했지만, 그도 역시 오랫동안 제자들을 가르친 학자였다. 이렇듯 지성은 그냥 쌓이는 것이 아니다.

'여여(如如)'라는 말에 대해서 한번쯤 우리는 깊이 생각해 볼 필요가 있다. '여여'란 세월이 흘러도 변함이 없고 한결같다.'는 한 자어다. 자신의 마음을 평생 한결같이 유지하면서 산다는 건 실로 힘든 일이다.

그러나 옛 선인들은 깨달음이 최고의 경지에 이르게 되면 자신이 마음먹은 대로 행동을 했다고 한다. 그들은 심지어 세상을 떠나는 날짜까지 정하고 갈 정도로 생사(生死)가 자유자재했다고 한다. 하지만 그들은 도인(道人)이지 우리가 말하는 진정한 깨달음을 얻은 성자는 아니다.

진정한 깨달음을 얻은 성자는 평상심으로 세상을 바라보면서 물 흐르듯 바람처럼 여여하게 사는 것이 인생임을 스스로 증득한 이다. 이런 사람은 어려운 이를 돕거나 보람된 일을 했을 때 누가 칭찬해도 흥분하거나 거기에 도취되는 일이 없다. 그는 이미 칭찬을 뛰어넘어 존경을 받고 있는 사람이다.

이런 성자에게 가르침을 받기 위해 많은 사람들이 몰리는 것은 당연하다. 그렇지만, 깨달음을 이루지 못한 사람이 스스로 깨달은 자라고 말하거나 자신이 물 흐르듯이 여여하게 살고 있다고 아무리 주장해도 그를 대자연이 가만 두지를 않는다.

누가 자꾸 다가와서 시비를 걸거나 유혹하기 때문에 어느 순간 넘어가고 만다. 따라서 수행을 제대로 하지도 않고 물질과 탐욕을 얻기 위해 스스로 깨쳤다고 말하거나 기적을 말하는 사람은 이미 대자연이 알고 거부한다. 이런 사람을 두고 우리는 '사이비'

라고 하는 것이다.

그들은 늘 기적을 이야기하지만 사실, 기적이란 건 따로 없다. 오늘 아침에 일어나서 밥을 먹고 저녁에 잠자리에 들어서 아침에 다시 눈을 뜨는 것, 그 자체가 여여함이고 기적이다. 그렇지 않은가. 특히 요즘같이 코로나라는 전염병이 전 세계를 휩쓸고 있는 시점에 하루하루를 숨 쉬면서 살고 있는 것 그 자체가 바로 기적인 것이다. 또한 깨달음이 무슨 위대한 사상을 배우는 것이라고 생각하겠지만, 인생이란 이러한 여여함 속에 있음을 아는 사람이 진짜 깨달은 사람이다.

사람은 한결같아야 한다. 경전에 따르면, 누구나 부처의 '본성(本性)'을 가지고 태어나지만 자라면서 탐욕이 생기고 그로 인해 번뇌가 쌓여 스스로 괴로움을 얻는다고 한다. 그러므로 부처가 되려면 그 '본성'을 잃지 말아야 한다. 이 사실은 분명하지만 물질문명 속에서는 그게 말처럼 쉽지만은 않다. 그렇더라도 마음의 행복을 위해서는 항상 여여함을 잃어서는 안 된다.

깨달음에는 경계가 없다

거지에게는 거지만의 깨달음이 있고
노동자는 노동자만의 깨달음이 있고
지식인은 지식인만의 깨달음이 있고
지도자는 지도자만의 깨달음이 있다.

어떤 사람이 나에게 이렇게 물었다.
"선생님, 우리같이 평범한 사람이 깨달음을 얻으려면 어떤 수
행을 해야만 합니까?"
나는 명쾌하게 대답했다.
"몸과 마음을 바르게 하고 살면 됩니다."
요즘 종교계의 성직자들은 일반인들도 치열하게 수행하기를

원하지만 그저 남에게 해를 끼치지 않고 자신에게 주어진 삶을 열심히 살면 된다. 깨달음을 얻는 방법은 어려운 게 아니다. 매 순간 즐겁고 행복하게 사는 법을 스스로 터득하면 된다. 그런데 왜 성직자들은 일반인들에게도 치열한 수행을 요구하는 것일까? 자신들의 이익을 추구하기 때문은 아닐까?

붓다는 부처가 되려면 깨어 있어야 한다고 했고, 예수는 선함이 곧 하나님이라고 강조했듯이, 종교의 본질은 남에게 자비를 베풀고 선하게 살면서 스스로 행복하라는 것이 요지이다. 그런데 어떤가. 요즘 성직자들은 재물에 눈이 멀어 일반인들이 붓다처럼, 예수처럼 살 것을 강요하지만 그건 종교의 진짜 목적이 아니다.

불교에서는 최상의 깨달음을 '아뇩다라삼먁삼보리심'이라고 한다. 이것은 수행자가 부처가 되기 위해서 반드시 도달해야 할 최고의 경지로서 고타마 붓다와 같은 수행자가 오랜 공부를 통해서 증득한 것이기 때문에 우리 같은 일반인들이 수행하기란 결코 쉽지 않다.

만약 일반인이 고타마 붓다와 같은 최고의 경지에 이르기 위해 치열한 수행을 했다면, 아마 거지가 되거나 심지어 생명을 잃을 수도 있었을 것이다. 다만, 고타마 붓다는 치열한 수행을 통해서 증득했던 진리를 중생들에게 들려줘서 그들의 삶이 좀더 행복해지기만을 원했을 뿐이다. 예수의 가르침도 별반 다를 바가 없다.

이처럼 일반인들은 붓다와 예수처럼 높은 경지의 수행법이 필요하지 않고 자신의 근기(根氣)에 알맞은 수행법을 행하면 된다. 그러니까 종교계의 성직자들은 더 이상 일반인들에게 지나친 수행을 강요해서는 안 된다는 것이다.

깨달음에도 개인이 가지고 있는 에너지의 질량에 따라서 높낮이가 있다. 말하자면 노동자는 자신이 해야 할 일을 정확하게 알고 거기에 맞게 몸과 마음을 바르게 쓰면 된다. 그렇게 되면 언젠가는 자신을 성장시켜 줄 최고의 질량을 가진 경영자를 만나게 되지만 그렇지 못하면 영원히 노동자 생활에서 벗어나지 못한다. 이렇듯 자신의 일에 최선을 다할 때 최고의 깨달음이 얻어지게 된다. 왜냐하면 깨달음에는 경계가 없기 때문이다.

더구나 자신에게 주어진 일을 자신의 질량에 맞게 일하는 사람은 이미 칭찬을 초월했으므로 남의 칭찬이나 질책, 혹은 시시비비에 결코 연연해하지 않는다. 그는 자신의 일에 도취되어 최선을 다했으므로 남의 시선 따위를 이미 초월했기 때문이다. 그런데 자신의 일에 깨달음을 얻지 못한 사람은 늘 남의 시선에 의지하게 되고 눈치만 보게 된다. 이런 사람은 칭찬에 늘 목말라 있어서 깨달음을 얻을 수도 없고 인생 또한 순탄하지 않다.

반대로 자신의 자리에서 깨달음을 얻은 사람은 항상 보람차고 즐거우며 물 흐르듯이 일을 처리한다. 또한 그는 힘든 환경 속에서 살더라도 능히 극복해나갈 힘을 스스로 갖추고 있다. 이렇듯 누구든지 자신의 일에 최선의 노력을 다하면 최상의 깨달음인 '아뇩다라삼먁삼보리심'을 얻을 수 있다.

그러므로 지식인은 지식인의 일을 해야 하고, 지도자는 지도자로서 자신의 본분에 충실할 때 비로소 깨달음을 얻을 수가 있다. 이것이 바로 대자연의 법칙이다. 이 법은 특정인에게만 적용되는 게 아니라 누구든지 자신의 테두리 안에서 적용된다. 즉, 깨달음은 자기 안에서 정점을 이루므로 자기를 벗어난 깨달음은 진정한 깨우침이 아니다. 또한 깨달음에는 높고 낮음이 없으므로 항상 자신의 그릇에 알맞게 찾아온다.

깨달음은 지식이 많고 적음에 따라 얻어지는 것이 아니다. 비록 지식이 낮은 사람이라고 할지라도 그 속에서 참된 깨달음을 얻을 수 있기 때문에 자꾸 높은 쪽만을 바라보는 것은 결코 올바른 수행이 아니다.

거지에게는 거지만의 깨달음이 있고 노동자는 노동자만의 깨달음이 있고 지식인은 지식인만의 깨달음이 있고 지도자는 지도자만의 깨달음이 있다. 이렇듯 자신의 길을 온전히 찾아야만 우리가 살고 있는 이 땅이 더욱 행복해진다. 그렇지 않고 서로가 자꾸 충돌만 하면 이 세상은 순식간에 지옥이 될 수도 있다.

오늘날 한국 사회가 점점 난장판이 되어 가고 있는 것은 각자가 가야 할 길을 잊거나 헤매고 있기 때문이다. 노동자는 경영자의 일을 대신할 수 없고, 국민이 대통령의 역할을 할 수 없으며,

죄인이 판사의 역할을 할 수 없음을 인정한다면, 세상은 순조롭게 흘러갈 수 있다. 이것이 바로 깨달음의 척도이자 두께이다.

외람되게도 깨달음이라고 하니까 붓다라든지 아미타부처라든지 부처의 깨달음을 생각하지만 절대로 아니다. 우리들에게 있어서 깨달음은 자신의 자리에서 맡은 일을 충실하게 하는 걸 말한다. 붓다는 붓다의 깨달음이 있듯이 소상인은 소상인의 깨달음을 가져야 하고 노동자는 노동자의 깨달음을 가져야 한다. 선생은 선생으로서의 깨달음을 가져야 하고, 부모는 부모의 깨달음을 가져야 한다.

그런데 어떤가. 붓다와 같은 깨달음을 얻기 위해 많은 수행자들이 지금도 공부를 하고 있지만 시대착오적이다. 아무리 열심히 수행한다고 해도 고타마 붓다와 같은 깨달음은 결코 이룰 수 없다. 고타마 붓다의 깨달음은 고타마 붓다 그만의 것이다. 예수의 깨달음은 예수 그만의 것이다. 그러므로 그 누구도 성자와 같은 깨달음을 절대로 얻을 수가 없다.

다만 우리는 앞서 깨달은 이들에게서 깨달음의 원리를 조금씩 배우는 것일 뿐이다. 우리는 그저 각자의 삶 속에서 깨달음을 얻으면 된다. 대통령의 깨달음과 노동자의 깨달음은 다르다. 뱁새가 황새를 따라가려면 가랑이가 찢어지듯이 자신의 자리에서 깨달음을 얻으면 된다. 이것이 우리가 말하고 있는 본분(本分)이다. 그러니까 자신의 본분을 잊지 말라.

고타마 붓다 이후 수많은 수행자가 깨달음을 구하기 위해 수행한다고 목탁을 두드리며 산 속에 처박혀 있지만 깨달은 자는 극히 소수에 불과하다. 어쩌면 한 명도 없을지도 모른다. 타인의 깨달음을 좇아갔기 때문이다. 우리는 붓다와 같은 근기가 없고 그 시대와 지금은 환경이 다르고 수행 방법도 극변하고 있다.

고기 장사가 고기를 파는 방식이 다르고, 군고구마 장사가 고구마를 파는 방식이 다르듯이 수행 방법도 사람에 따라서 다르다. 그러므로 지성과 지식을 갖춘 현대인의 수행 방법도 다를 수밖에 없다. 이를 알고 수행해야만 '진정한 깨달음'을 얻을 수가 있다.

마음속의 화를 없애라

오래 삭인 홍어가

더 맵고 코를 찌르지만

화는 삭이면 삭일수록

만병의 원인이 된다.

　어느 날, 60대 중반의 여성이 나에게 편지로 상담 요청을 해왔던 적이 있었다. 그녀는 공무원 남편과 대기업에 근무하는 아들, 초등학교 교사인 딸을 두고 있었다. 남편은 퇴직한 후 늘 친구들과 밖으로만 떠돌고 있고 자식들은 자신들의 일이 바빠서 연락조차 제대로 하지 않는다고 했다. 그러다 보니 가족들이 자신에게 무관심하다는 생각이 들기 시작했다가 급기야 불만으로 인해 홧병이 생겼다고 한다.

"선생님, 가족들이 나에게 안 좋은 소리를 하거나 거슬리는 행동을 하면 순간적으로 화가 치밀어서 도저히 자제할 수가 없습니다. 그런데 선생님의 강의를 듣고 난 후부터는 화가 많이 사라졌습니다. 마음속의 화가 완전히 사라지려면 지금부터 어떤 마음 공부를 해야 하나요?"

나는 그 편지를 통해 한국의 중년 주부들이 가지고 있는 심각한 고민을 엿볼 수가 있었다. 통계에 의하면 OECD 국가 가운데 한국 주부들이 가장 많은 일을 한다고 한다. 그런데 남편과 자식들을 뒷바라지하고 난 뒤, 중년이 되어서 뒤를 돌아보니 정작 자신의 존재를 찾을 길이 없었다고 한다. 이로 인해 자신도 모르게 우울증이 생기기 시작했다는 것이다.

옛날부터 우리나라 주부들은 심각한 세 가지 병에 걸려 있다.

하나는 자녀 교육병, 둘은 남편 출세병, 셋은 부자병이다. 우리 주부들은 오직 여기에 자신의 목을 매달고 있다고 해도 과언이 아니다. 내 말을 부인한다고 해도 이것은 엄연한 사실이다.

자녀 교육병에 대한 예를 하나 들어볼까? 대표적인 것이 최근 조국 전 법무부장관의 부인 정경심 씨의 딸에 대한 교육열이다. 어머니가 딸을 명문대에 진학시키기 위해 다양한 스펙들을 쌓게 하는 것은 국가가 인정한 학종 제도를 십분 활용한 것이므로 제도적으로는 아무런 문제가 없고 부모로서는 당연한 일이다. 그런데 검찰은 왜 문제를 삼고 있을까? 다만, 그 과정에서 표창장을 불법으로 발급받는 등 범법 행위가 있었기 때문이다. 그로 인해 지금도 고스란히 그 고통을 받고 있다.

또 남편 출세병은 어떤가? 요즘 주부들은 친구들을 만나면 자신의 안부보다는 남의 남편에 대해서 더 많이 궁금해 한다고 한다. 친구 남편이 회사에서 과장이나 부장으로 승진하면 겉으로는 축하를 해주면서도 도리어 속으로서는 홧병이 생긴다고 한다. 집으로 돌아와서는 "당신 만나서 고생만 한다. 나는 언제 사모님 소리 한번 듣겠느냐."고 달달 볶는다고 한다. 이게 우리나라의 주부들의 현실이다.

부자(富者)병은 또 어떤가? 친구가 강남에 아파트를 구입하면 배가 아파서 잠을 못 이룬다. 남이 잘 되는 꼴을 못 봐서 역세권 아파트라도 분양하면 쪼르륵 달려가서 청약 신청을 해댄다.

국가는 또 어떤가? 경기가 안 좋으면 부양책으로 부동산 경기를 활성화시키는 정책을 펴다가 아파트 가격을 천정부지로 올려놓았다. 그러다 보니 서민의 꿈을 일순간 망가뜨려 놓았다. 이런 나라에 사는 국민들이 화가 나지 않는 것이 오히려 더 이상할 정도다.

누구나 화를 가지고 있다. 다만, 분노를 겉으로 표출하지 않을 뿐이다. 물론, 지금 나의 강의가 중년 여성이 화를 삭이는 법을 가르쳐 달라는 질문과는 다소 동떨어진 것일 수는 있겠지만 요

지는 같다. 이렇듯 우리나라 주부들은 저마다 몸속에 화 하나쯤
은 가지고 있다. 하지만 화는 가질수록 몸과 마음을 망가뜨려 놓
기 때문에 빨리 삭여야한다.

'화를 삭인다.'는 어휘의 본 뜻은 '임시로 화를 참고 누른다.'이
다. 오래 삭인 홍어가 더 맵고 코를 찌르지만 화는 삭이면 삭일
수록 만병의 원인이 되므로 잘 다스려야 한다.

그럼 화를 잘 다스리는 방법에는 어떤 것이 있을까?

첫 번째로 내가 화를 내고 있는 그 원인을 제대로 알아야만 한
다. 그래야 화를 삭이든지 죽이든지 다스리든지 할 것이다. 그런
데 어떤가. 원인은 찾지 않고 화부터 먼저 버럭 낸다. 원인과 원
리(原理)를 모르고서 그저 참기만 한다고 해서 사라지지 않는 것
이 바로 화다. 하지만 화가 생기는 원인과 화의 원리를 안다면
애초부터 화는 생기지 않는다.

그럼, 당신에게 묻겠다.

당신은 지금 왜 화가 났는가? 화는 대부분 누군가로부터 나쁜
소리를 들었을 때 생긴다. 이때 가장 중요한 건 지금 상대방이
왜 자신에게 안 좋은 소리를 하는지를 먼저 알아차리는 것이다.
남으로부터 안 좋은 소리를 듣는 이유는 단 두 가지뿐이다.

첫째, 내가 정말 좋지 않은 행동을 했을 때와 둘째, 상대방이
오해를 했을 때이다. 앞의 것은 사과를 하면 되고, 뒤의 것은 오
해를 풀면 되는데 앞뒤 생각도 하지 않고 먼저 화부터 내는 성격

이 가장 큰 문제이다.

사람은 일상을 통해서 몸속에 자신만의 에너지를 축적해 나간다. 이를 산과 사막에 비유해보자. 성격이 좋고 활발하면서 평소 남에게 신임을 받는 사람은 에너지의 질량이 무거워서 나중에 큰 산이 되지만, 나쁜 짓만 하면서 잘못 산 사람은 에너지의 질량이 모래알과 같이 낮아서 사막처럼 쉽게 흩어진다. 이처럼 좋지 않은 에너지들은 소멸되지 않고 공중에서 떠돌다가 한꺼번에 터져 나와서 타인에게 전염된다. 그래서 질량이 낮은 에너지를 가진 사람을 가까이 하지 말라는 것이다.

나쁜 짓을 하면 죄를 받고, 좋은 일을 하면 복을 받는다는 사물의 이치를 깨달아서 아는 힘을 두고 철학에서는 '문리(文理)'라고 한다. 사람이 '문리'를 깨닫게 되면 상대의 의중을 알게 되고 대처하는 지혜가 빨리 생기지만 '문리'가 없는 사람은 남이 나쁜 말을 하면 쉽게 자제력을 잃고 화부터 버럭 내기 일쑤다. 이런 사람은 나중에 더 큰 문제를 일으킬 수 있기 때문에 가까이 하지 않는 것이 좋다.

그래도 만약 누군가가 자꾸 자신을 화나게 한다면 잘못을 알고 '깨달아라.'는 뜻으로 이해하고 고쳐 나가거나 앞으로 생길 좋지 않은 일을 사전에 방지해주는 조언이라고 생각하는 것이 좋다. 이것도 화를 누그러뜨리는 한 방법이다. 이렇듯 더 크게 보면 남의 지적도 자신에게 득이 되는 일이라고 할 수 있다.

어떤 상대에 의해 자신이 화를 내면 힘든 사람은 바로 자기 자신이다. 왜냐하면 자신의 힘듦은 70%이고, 상대방의 힘듦은 30%이기 때문이다. 욕이나 안 좋은 소리를 들어서 화가 생기면, 자신에게 70%의 잘못이 있는 것이고 상대방에게도 30%의 잘못이 있다.

이 말은 무슨 의미일까? 화를 내게 만든 상대방도 30%의 잘못이 있기 때문에 자신에게 봉변을 당한다. 그렇지만 상대는 나만큼은 힘들지 않다. 우리는 이러한 화의 법칙을 정확하게 이해해야 한다. 자신이 상대방에게 나쁜 말이나 욕을 하면, 상대방도 상처를 받지만 자신도 상처를 받는다는 원리를 알아야 한다는 것이다. 때문에 말을 할 때는 매우 신중해야 한다.

그러면 화가 날 때는 어떻게 해야 상대방과 충돌하지 않을 수 있을까? 상대가 자신에게 화나는 말을 했다면 그 말을 듣고 '내가 이런 말을 들을 만큼 뭔가 잘못 살았구나.'라는 반성을 먼저 해야 한다. 이것은 무조건 자신이 잘못했다는 뜻이 아니라 그동안 잘못 살아온 것들이 조금씩 자신에게 누적되어 있었다는 것이고 이를 반성하라는 얘기이다.

이것은 상대방에 대한 미안한 마음이 아니라 바로 나 자신에 대한 미안함이다. 살면서 이런 마음의 자세를 지닌다면, 인생에 큰 도움이 될 것이다. 성공하는 사람은 자신의 화를 잘 다스린다. 이것은 또한 건강을 유지하는 비결이 된다.

화는 평생을 후회하게 만든다

남 탓하지 않고 욕하지 않으면

대자연도 돕기 시작하여

나갔던 복이 되돌아온다

그때부터 좋은 일이 반드시 생긴다.

'화'는 스트레스를 동반한다. 그로 인해 우울증은 물론, 노화를 촉진시키고 암을 유발할 수 있는 만병의 근원이다. 하지만 살다 보면 화는 생길 수밖에 없기 때문에 화를 만들지 않도록 스스로 노력해야 한다. 가끔 남이 욕하는 걸 참지 못하고 격하게 대응하는 걸 주위에서 많이 본다. 화를 내면 더 큰 화를 불러오는 것으로 대응하는 건 아주 미련한 짓이다. 만약 누군가가 화나는 일을 만들었다면, 그 원인을 파악하고 빨리 푸는 것이 좋다.

그럼 남은 왜 자신을 화나게 만드는 것일까? 어쩌면 의도적으로 좋지 않은 말을 함으로써 어떤 깨우침을 주기 위함인지도 모른다. 때문에 오히려 남을 고맙게 생각하는 것도 화를 식히는 하나의 방법이라 할 수 있다.

우리는 지금 복잡한 사회 속에서 살고 있다. 이해심과 양보심이 부족하면 사사건건 시비가 붙거나 충돌할 수밖에 없다. 그러다 보면 관계가 점점 멀어지고 화가 생길 수밖에 없고 그로 인해 생각지 못한 일이 생길 수도 있다.

얼마 전 한 모텔에서 일어난 종업원 토막살인 사건도 한 예이다. 종업원이 반말했다는 이유로 귀한 목숨을 빼앗고 그것도 모자라서 시신을 토막해서 유기한 것은 짐승과 다를 바가 없다. 어디 그것뿐인가. 길 가다가 칼에 맞는 '묻지마 사건'도 비일비재하다. 겉으로 보면 우리 사회는 평화로운 것 같지만, 실로 무서운 세상이다. 요즘 사람들은 인내심이 많이 부족해서 습관적으로 화를 잘 낸다. 그로 인해 자신도 모르게 범죄를 저지르고 "왜 그때 내가 참지 못했을까?" 하고 평생 동안 후회한다.

옛말에 '화가 아무리 난다고 해도 세 번만 참으면 사라진다.'는 속담이 있다. 물론, 화를 촉발시킨 사람을 용서하는 건 쉽지만은 않다. 그러나 시간이 지나면 모든 것은 제자리로 돌아간다. 순간을 참지 못해서 죄를 짓는 과오를 저지르는 일은 절대로 일어나서는 안 된다. 누군가로 인해 화가 났다면, 상대방을 책망하지 말고 오히려 자신에게 깨우침을 주었다는 생각을 하면 오히려 이익이라는 얘기이다.

그렇지 못하고 계속 상대방을 욕하거나, 남 탓만 하면 나중에는 더 큰 어려움이 찾아온다. 물론, 화를 내게 한 사람의 잘못이 더 있지만, 그것을 참지 못한 자신에게도 잘못이 있다.

그리고 자신으로 인해서 어떤 사람이 화가 나 있다면 '상대가 나로 인해 화가 좀 났구나. 도대체 그 이유가 뭐지?' 하고 상대방을 조금이라도 이해하려고 애써야 한다. 그렇게 되면 자신의 잘못도 있다는 걸 깨닫게 되고 상대방에 대한 화도 가라앉게 된다. 자신에게 있는 나쁜 버릇이나 행실을 고칠 수 있도록 해준 상대방을 고맙게 받아들이는 것이 자신을 위해 좋다는 얘기이다.

이런 마음을 가지면 대자연도 자신을 돕기 시작하여 나갔던 복이 되돌아온다. 그때부터는 좋은 일만 생긴다.

사람은 날이 갈수록 좋아져야지 나빠지면 안 된다. 과거보다 어제가, 어제보다 오늘이 그리고 내일이 더 나은 삶이 되도록 해야지 날이 갈수록 더 나빠진다는 건 잘못된 일이다. 그리고 어떤 일로 인해 화가 생기면 당장 풀어야 한다. 그렇지 못하고 자꾸 마음속에 담아 두는 것은 어리석은 일이며 더 나쁜 결과를 초래할 수 있다.

지금껏 나는 남에게 욕하고 남 탓을 잘 하는 사람치고 잘되는 걸 보지 못했다. 설령, 잘된다고 해도 오래가지 못한다. 대자연은 그런 사람이 잘되도록 가만두지 않기 때문이다. 남의 흉을 보는 건 자기 얼굴에 침을 뱉는 것과 다를 바가 없다.

나의 주체는
남이 아니라 바로 나다

우리는 타인을 해칠 권리를

가지고 있지 않지만

상대방은 나를 해칠 권리를

가지고 있다는 걸 받아들여야 한다.

　세상은 나를 중심으로 움직이므로 주체는 바로 나다. 내가 없
으면 가족도 타인도 없다. 그런 나를 너무 함부로 내버려두는 것
은 아닐까. 내 몸을 병들게 하거나 나쁘게 사용하는 건 나에게
죄를 짓는 일과 같다.

　요즘 연예인들의 자살 사건이 자주 일어나고 있다. 최근에도
몇몇 가수가 SNS의 악플을 견디지 못하고 생을 마감했다. 엄청

나게 쏟아지는 비방과 악의적인 댓글이 원인이다. 얼마나 힘들었으면 목숨까지 버렸을까? 안타까운 일이지만 아무리 힘든 상황일지라도 부모로부터 물려받은 생명을 함부로 버릴 권리는 나에게 주어지지 않았으며 남을 비방하거나 해칠 권한 또한 나에게는 주어지지 않았다. 그런데도 예사로 남을 비방하거나 못된 짓을 한다. 눈에 보이지 않는다고 불특정 다수가 한 개인을 집중적으로 공격하면 성인군자도 이를 견디기가 쉽지 않다. 그들은 악플을 달면서도 죄책감을 전혀 느끼지 않는다. 심지어 남을 비방하는 것을 당연한 권리로 여긴다. 이것은 어릴 때부터 인성교육이 잘못된 탓이다.

그런데도 정부는 이것을 막을 방도가 없다. 어떻게 해야 할까? 법에 의존할 수밖에 없지만, 이 또한 쉽지 않다. 사람이 벌을 받는 이유는 죄를 지었기 때문에 법의 심판을 받는 것이다.

세상에는 여러 종류의 사람들이 살고 있다. 성격이 좋은 사람, 급한 사람, 허접한 사람, 눈치 빠른 사람, 눈치 없는 사람, 재치 있는 사람, 재치가 없는 사람, 부지런한 사람, 게으른 사람 등이 있다. 사람은 똑같을 수가 없다는 걸 우리는 인정하고 들어가야 한다. 그렇다고 사람을 차별해서는 더욱 안 된다. 그들이 그런 모습을 가지고 있는 것 또한 그들의 권리이고 그로 인한 상벌은 자신이 지게 되므로 굳이 누군기가 꾸짖을 필요는 없다. 오히려 심각한 갈등이 생길 수도 있다. 그럼 어떻게 해야 할까. 매우 힘든 일이지만 스스로 깨달을 수 있도록 조언해야 한다.

우리는 타인을 해칠 권리를 가지고 있지 않지만 상대방은 나를 해칠 권리를 가지고 있다는 걸 받아들여야 한다. 이를 이해한다면, 어떤 비방과 악플을 본다고 해도 참을 수 있게 된다. 이렇게 생각한다면 세상 살기가 한층 편안해질 것이다.

항상 상대방의 입장에서 생각하라는 것이다. 세상은 혼자 사는 곳이 아니다. 둘만 있어도 갈등이 생기는데 이 세상에는 얼마나 많은 사람들이 살고 있는가? 더불어 사는 세상에서 가장 필요한 건 양보와 이해심이다.

우리가 화를 내는 이유는 타인을 있는 그대로 받아들이지 못하기 때문이다. 한번 미운 사람은 한없이 밉게 보는 것도 아주 나쁜 버릇이다. 물론 좋은 말을 해도 그것을 받아들이지 못하는 사람도 문제이다. 이처럼 우리 마음은 요상하고 사악하다. 그러므로 상대방이 나에게 화를 불러일으키는 말이나 싫은 소리를 하더라도 일단은 그것을 받아들이는 마음의 자세를 지니라는 것이다.

물론 당장 화가 나겠지만, 남의 지적으로 인해 나의 나쁜 점을 발견할 수 있다면 그것보다 더 좋은 일은 없다. 만약 남의 지적이 없었다면 어쩌면 자신의 나쁜 버릇을 영원히 고칠 수 없을 지도 모른다. 이처럼 나에게 하는 나쁜 소리도 공부로 받아들이는 자세가 중요하다.

사람들은 대개 자신의 행실이나 잘못은 스스로 잘 알지 못한다. 그러다 보니 나중에는 습관이 되고 만다. 상사나 나이 많은 사람의 지적이 아무리 듣기 싫다고 하더라도 자신에게 도움이 된다면 받아들여야 본인이 성장할 수가 있다.

"나는 잘한다고 생각했는데 내가 잘못한 것이 뭐지? 이제부터라도 잘해야지. 왜 저 사람은 나에게 화를 내지?"

이처럼 자기 반성의 기회를 가져야만 나 자신을 뒤돌아보고 나를 바로 세울 수 있다. 날마다 자기 반성을 하고 바르게 살려고 노력하는 사람은 대자연의 진리에 의해 언젠가는 반드시 큰 상과 복을 받는다. 이와 달리 남 탓만을 하는 사람은 대자연이 돌아앉아서 더 큰 어려움에 빠질 수가 있다.

원인 없는 결과는 없다. 불교에서는 이를 '인과법(因果法)'이라고 한다. 남이 내게 한 화의 원인을 잘 분석해서 약으로 쓴다면 몸과 마음은 더욱 건강해지고 힘이 솟지만, 악으로 생각하면 시간이 갈수록 그 힘은 점점 사라지게 되고 나에게는 어려운 일이 닥치게 된다. 만약 지금 나 자신이 힘든 상황에 처해 있다면 모두 이 때문이다.

사람을 함부로 판단하지 마라

부지런하다고 해서 좋은 것도 아니며
똑똑하다고 해서 뭐든지 잘하는 것도 아니다
부지런한 것과 영리한 것은 별개의 문제이다
사람은 누구나 다 쓰일 곳이 있다.

요즘 '너나 잘하라.'는 말이 유행이라고 한다. 자신의 일도 똑바로 하지 못하면서 늘 남 탓만 하는 사람을 비꼴 때 종종 쓰는 말이다. 옛날부터 한국인들은 남의 일에 간섭하거나 지나치게 눈치를 보는 경향이 많다. 이것은 자신의 약점을 감추고 남을 깔아내리기 위한 수작에 지나지 않는다. 조선시대 때부터 이어온 당파 싸움에 익숙한 유전자기 아직도 몸속에 남아 있기 때문일까?

한국인들은 끼리끼리 노는 경향이 많다. 남에게 좋은 일이 생기면 축하해주기는커녕 흠집을 내려고 달려든다. 뿐만 아니라 가난한 사람들은 이유도 없이 부자들을 헐뜯고, 부자들은 가난한 사람들의 흉을 자주 본다. 이러다 보니 서로가 사사건건 충돌이 생길 수밖에 없다. 요즘 진보니 보수니 하면서 정치인들이 자주 충돌하는 것도 정책을 떠나서 일종의 진영 싸움에 지나지 않는다. 그러니 나라꼴이 잘 돌아갈 리가 만무하다.

어쨌든 남에 대한 욕만 하고 칭찬에 인색한 그런 무리들 속에는 절대로 끼지 말아야 한다. 마치 맑은 물에 있으면 몸과 마음이 정화되듯이 탁한 물에 있으면, 몸과 마음이 탁해질 수밖에 없다. 이처럼 남을 헐뜯기만 하는 자리에 가면 사람의 기운도 그만큼 탁해진다. 내가 좋은 기운을 얻으려면 흉을 많이 보는 집단이나 자리보다는 다른 사람에 대한 자랑이 넘치는 곳이 좋다. 나에게 조금도 득이 되지 않는 단체나 사람들 속에서 끼어서 자꾸 함께 맞장구치면 오히려 나쁜 기운을 받을 수밖에 없다. 이것은 우리가 세상을 살아가는 데 절대적으로 필요한 삶의 지혜이다.

이 세상에 하찮은 사람이란 없다. 누구나 자기만의 소질과 특기를 가지고 있다. 모두가 똑똑할 수 없고 잘날 수가 없듯이 어떤 사람이든 반드시 쓰일 곳이 있다. 때문에 사람에 대한 지나친 편견은 금물이다.

내가 하나의 예를 들어보겠다. 어떤 회사가 있다. 모든 직원은 열심히 일을 하고 있는데 어떤 직원이 게으름을 잔뜩 피우고 있다고 하자. 그런데 한 직원이 그런 그를 못마땅하게 생각해서 지적했다. 그로 인해 일순간 회사 분위기가 안 좋아졌다면 그 지적은 잘된 것일까? 잘못된 것일까? 단적으로 말하면 지적할 필요가 없는데 괜한 지적을 해서 회사 분위기만 나빠진 것이다.

이에 대해서 내가 설명하겠다. '대자연의 법칙'이 가지고 있는 비율은 7:3이다. 만약 회사에서 열심히 일하는 사람이 70%이고, 게으른 사람이 30%라고 한다면 30%는 오래 견디지 못하고 나중에는 열심히 일하는 사람 쪽으로 이동하게 된다는 원리이다.

더구나 그 사람에 대한 직원들의 신뢰가 30%가 되지 못한다면 결국 게으른 사람은 설 자리가 없게 된다. 따라서 그는 반드시 도태될 수밖에 없다. 그러니까 내가 자청해서 그에게 나쁜 점을 지적할 필요가 없다는 뜻이다.

회사의 힘은 강한 공동체에서 나온다. 약한 기운을 가진 개인은 강한 공동체의 기운을 절대로 이기지 못한다. 모든 일에는 잘하고 못한 것에 대한 분명한 선이 있다. 개인의 잘못이 30%에 미치지 못했을 때는 충분히 그 기업이 가지고 있는 공동체의 기운으로 그를 포용할 수 있다. 그러나 개인의 잘못이 30% 이상을 넘게 되면 결코 그를 포용할 수 없다는 것이다. 넓게 보면, 사회와 국가의 기운도 마찬가지이다.

논에 잡초가 많으면 이떻게 될까? 농사가 잘되려면 빨리 잡초를 뽑아야 한다. 제때 잡초를 뽑지 못하면 영양분을 잡초에게 다 빼앗기기 때문에 농사를 망칠 수밖에 없다. 그러나 기업에서의 사람 농사는 그렇지가 않다. 기업은 그 사람이 능력을 충분히 발휘하도록 시간을 두고 기다려야 한다.

사람이 부지런하다고 해서 좋은 것도 아니며 똑똑하다고 해서 뭐든지 잘하는 것도 아니다. 부지런한 것과 영리한 것은 별개의 문제이다. 반대로 게으르다고 해서 그가 능력이 없다고 판단하는 것은 섣부른 일이다. 의외로 게으른 사람도 명석한 두뇌를 가지고 있을 수 있다. 회사의 구성원은 이런 사람이 있으면 저런 사람도 있어야 잘 돌아간다. 더구나 회사가 잘되려면 직원 상호 간의 협력이 필수적이므로 이해심과 양보가 따라야 한다.

조금씩 손해보고 살다 보면 처음에는 내가 손해본 것 같아도 꼭 그렇지만은 않다는 것이다. 어떤 때는 게으른 사람도 능력을 발휘할 수 있고 필요할 때가 꼭 있다. 부지런한 사람도 그만이 가진 장점이 있듯이 게으른 사람도 그만의 장점이 있기 때문에 섣부른 판단을 해서는 안 된다는 것이다.

게으른 사람이 쓸모가 없는 섯처럼 보이지만 장점을 찾아 잘 계발하도록 유도하면 오히려 기업에서 더 큰 역할을 할 수 있다는 뜻이다. 이처럼 잘못된 시선으로 남을 나쁘게 보지 마라. 우리가 이러한 대자연의 이치를 빨리 깨닫게 된다면, 이 사회는 한층 더 행복한 곳이 될 것이다.

남녀의 사랑이
가장 위대한 사랑이다

따뜻한 한마디가

사람의 마음을 훈훈하게 한다

이런 마음으로 상대방에게 다가가면

상대방도 마음을 받아들이기가 쉽다.

한 번은 젊은 남성이 나를 찾아와서 상담했다.

"선생님, 제가 어떤 여성을 매우 좋아합니다. 그런데 그녀가 경제적으로 퍽 힘든 처지에 있어서 작은 도움이라도 주고 싶은데 싫어하는 눈치입니다. 제가 어떻게 하면 그녀의 마음을 얻을 수 있을까요?"

한 젊은이가 자신이 좋아하는 여성이 경제적으로 힘들어서 도움을 주고 싶은데 그녀가 도무지 마음의 문을 열지 않아서 고민이라는 얘기였다. 요즘 젊은이들이 주고받는 사랑의 감정을 잘 모르는 나로선 어떤 조언을 해줘야 할지 걱정이 되었다.

이 지구상에는 남녀의 사랑, 부모와 자식 간의 사랑, 가족 간의 사랑, 직장동료 간의 사랑, 친구 간의 사랑 등 수많은 종류가 있다. 이 중에서 가장 위대한 것이 남녀의 사랑이다. 만약 남녀의 사랑이 없었다면 당신과 나는 존재하지 않았을 것이며, 지구는 진작에 멸망했을 것이다. 더구나 남녀의 사랑은 항상 미묘한 감정이 전류처럼 흐르기 때문에 아주 복잡하다.

그런 까닭에 남녀가 만나서 부부의 인연을 맺는 것을 두고 불가(佛家)에서는 떼려야 뗄 수 없는 '천생연분'이라고 한다. 곧잘 쓰는 말인데도 사람들은 '천생연분'에 담긴 깊은 의미를 제대로 모르고 있는 것 같다. 사람이 한번 태어나서 죽기까지를 '일생' 혹은 '한생'이라고 하는데 '천생연분'은 태어나고 죽기를 천 번 했을 때 비로소 만날 수 있는 인연이다.

어떤 철학자는 부부가 될 확률을 두고 '팔천갑자(八千甲子)'에 한번 만날 인연이라고 까지 한다. 1갑자(甲子)는 60간지(干支), 720년이므로 거기다가 8,000년을 곱한 엄청난 세월을 보내야만 만날 수 있는 사이가 바로 부부이다. 가히 그 무엇과도 비교할 수 없는 소중한 인연인 것이다.

그러나 부부가 되려면 서로 마음이 맞는 남녀가 만나서 사랑해야 하는데 그게 말처럼 쉽지 않다. 더구나 남녀의 사랑은 한쪽만 일방적으로 좋아해서는 잘 이루어지지 않는다. 한쪽에서는 생각조차 하지 않는데도 다른 한쪽이 자꾸 가까이 가려고 애를 쓴다면 오히려 스토킹으로 오해를 받을 수도 있기 때문에 신중해야 한다.

대개 남녀의 사랑에는 여러 가지 변수가 작용한다. 그러므로 좋아하는 사람이 생겼을 때는 상대방보다는 먼저 내 마음과 행동을 잘 관찰해야 한다. 이 사례의 남성과 같은 경우 내가 그 여성에게 오해를 살 만한 일은 하지 않았는지 혹은 마음을 다치게 하지는 않았는지 세심하게 살펴봐야 한다. 이를 무시하고 단순히 그녀의 마음을 얻기 위해 물질적으로 도움을 주려고 한다면 애초부터 접근 방법이 잘못된 것이다.

여성들은 상황에 따라 심경(心境)의 변화가 심하다. 단지 아는 사이 정도에 불과한데 남성이 물질적으로 선뜻 도움을 주는 걸 여성이 받아들이기는 쉽지 않다. 더구나 그것이 사랑을 얻기 위한 수단이라면 오해를 사기가 더 쉽다. 물질 뒤에는 항상 눈에 보이지 않는 대가가 있고 여성들은 이를 매우 경계하기 때문이다. 건전하고 바른 여성이라면 당연히 거절할 수밖에 없다. 따라서 여성이든 남성이든 어떠한 경우라도 물질로써 사랑을 얻으려고 해서는 안 된다. 그보다 더 중요한 것은 '진실한 마음'이다.

만약 사신이 좋아하는 여성이 직장동료라면 먼저 다가가서 마음을 살펴보는 것도 좋다.

"일이 잘되고 있나요? 제가 도와드릴 일은 없을까요?"

"아닙니다. 제 힘으로 할 수 있어요."

"그렇군요."

따뜻한 한마디가 사람의 마음을 훈훈하게 할 것이다. 이런 마음으로 다가가면 상대방도 마음을 받아들이기가 쉽다. 이렇듯 내가 누군가와 가까워지고 싶을 때는 그 사람이 지금 무엇을 원하고 있는지를 잘 살펴보아야 한다. 이 외에도 선물을 주는 방법도 있지만 그건 그때뿐일 수도 있다. 선물을 하고도 그 사람의 마음을 얻지 못한다면 오히려 자신이 상처를 받을 수도 있다.

그러므로 좋아하는 여성이 경제적으로 어려움을 겪고 있는 것을 알고 도움을 주려고 하는 마음을 가지는 건 좋은 일이지만 그것이 정말 그녀에게 도움이 되는지를 먼저 살펴야 한다. 도움을 준 뒤에도 내가 그녀에게 도움을 주었다는 인식을 심어줘서는 안 된다. 특히 여성들은 누군가로부터 도움을 받았다는 걸 알리지 않고 스스로 감추려고 하는 성향이 있기 때문에 곁에 도움을 준 사람이 있으면 심리적으로 위축될 수도 있다.

그리고 여성이 필요할 때마다 계속 도움을 주면 사이는 좋아지지만, 이게 지속되면 도움 받은 여성에게 오히려 뒤통수를 맞을 수도 있다. 인생은 이상하게도 이렇게 돌아가기도 한다. 남녀 사이는 더욱 그렇다. 그래서 남을 도울 때는 도왔다는 생각을 해

서는 안 되며 진정한 베풂은 돕는 순간 잊어버리는 것이다. 그래
야만 상대방에게서 진정한 사랑을 얻을 수 있다. 도움에는 진심
이 담겨 있어야 하는데 그저 환심을 사기 위해 도움을 준 것이라
면 오히려 좋지 못한 결과를 얻을 수 있다는 것이다. 그래서 가
장 힘든 것이 남녀 관계이다.

전생관은 왜 중요한가

사람은 기억의 동물이다

잘못을 저지르고도 뉘우치지 않는다는 건,

자신의 미래에 관심이 없다는 뜻이다.

 과연 전생은 있는 것일까? 어떤 철학자들은 전생이 있다고 말
하고 또 어떤 철학자들은 없다고 말하지만, 내 기준으로 볼 때
전생은 있다. 물론 전생을 믿든 안 믿든 개인의 자유지만 있다고
믿는 쪽이 훨씬 낫다.

 전생은 불교관(佛敎觀)이나 유교관(儒敎觀)으로 풀어보면 이해하
기가 좀 더 쉽다. 만물의 생성에는 반드시 원인이 있고 그에 따
른 결과가 나타난다. 이를 두고 불교에서는 '연기법(緣起法)' 혹은

'인과법(因果法)'에 의해 현생이 나타나고 유교에서는 전생을 '운명론(運命論)'이라고 부른다.

'연기법'은 '콩 심은 데 콩 나고 팥 심은 데 팥 난다.'는 말처럼 한 번 결정된 '인연'은 결코 바꿀 수 없지만, 자신에게 주어진 '운명'이나 사주는 얼마든지 자신의 의지와 노력 여하에 따라서 바꿀 수가 있다는 것을 뜻한다. 따라서 '연기'와 '운명'은 그 출발부터 확연히 다르다.

우리는 수많은 사람을 만난다. 그중에는 자신에게 이익이 되는 인연, 손해가 되는 인연, 바람처럼 스쳐 지나가는 인연들이 있다. 하지만 누가 나에게 정말 도움이 되는 인연인지, 만나서는 안 될 인연인지 어지간한 내공이 없고 도인이 아니고서는 알아내기가 힘들다.

남이 가진 생각이나 의도를 파악하려면 먼저 지혜를 증득하기 위한 마음 수행을 철저히 해야 하는데 대부분 그렇지가 못하다. 그러다 보니 귀가 얇아서 남이 좋은 소리를 하면 홀딱 넘어가서 잘 속는다. 요즘 사이비종교 단체가 많은 것도 이 때문이다. 자신에게 정말 이익이 되는 가르침인지 손해가 되는 가르침인지 제대로 알지 못해서 생긴 일이다.

사람은 기억의 동물이다. 잘못을 저지르고도 뉘우치지 않는다는 건, 자신의 미래에 관심이 없다는 뜻이다. 이와 달리 자신이 한 실수나 잘못을 반성하고 참회하는 사람은 성장할 수 있다. 불교의 참회나 기독교의 회개는 이런 관점에서 보면 매우 중요한 가르침이다.

따라서 전생과 내생의 삶이 있다고 믿는 사람은 현생의 삶이 내생의 삶에 영향을 미친다고 생각하기 때문에 그렇지 못한 사람보다 현생의 삶을 더 성실하고 착하게 살 수 있다. 반대로 전생과 내생(來生)을 믿지 않는 사람은 믿는 사람보다 현생을 아무렇게나 살 확률이 높다. 현대의 생명 보험도 내생관에서 기인한 것이라고 볼 수 있다.

그런데 부작용도 있다. 전생과 내생 그리고 유교의 '운명론'에 너무 집착하면 종교나 무속에 깊이 빠져서 잘못된 길로 들어설 수 있기 때문에 경계해야 한다. 왜냐하면 과거는 이미 지나갔고 미래는 아직 오지 않았으므로 가장 중요한 것은 지금 이 순간이기 때문이다. 그런데도 이상하게도 사람들은 자신의 '전생'과 '운명'에 관해서 과도하게 집착한다.

왜 그럴까? 지금부터 전생에 관한 궁금증을 풀어드리겠다.

대개 전생을 미신으로 치부하지만 많은 심리학자들은 전생을 두고 '가장 깊은 무의식의 세계'라고 말한다. 그들은 최면 감수성을 이용하여 전생 체험을 짧게 유도한다. 심리학자들이 괴로움이나 우울증에 빠진 사람들에게 이를 유도하는 가장 큰 이유는 전생 체험이 지금의 자기를 이해하는 데 가장 빠른 수단이기 때문이다. 이러한 체험을 통해 지금의 고통에서 빨리 벗어나게 하기 위함이라는 것이다.

대개 자신의 삶에 만족하는 사람은 전생에 대해 그다지 궁금해하지 않는다. 그러나 남들보다 사는 게 힘들거나 어려운 사람은 매우 궁금해하는 경향이 있다. 이들은 지금의 나를 이해하고 앞으로의 삶에 대해 새로운 길을 모색하기 위해 전생 체험에 나서기도 한다.

일례로 불교 국가인 티베트나 동남아시아의 불교 국가에 사는 사람들은 자신의 처지가 힘든 것은 전생에 지은 죄업의 결과 때문이라고 여긴다. 그래서 그들은 현재의 삶에 대해 조금도 불평하지 않고 있는 그대로 받아들인다.

동시에 현세에는 전생처럼 죄업을 짓지 않고 선하게 살아서 내세에 좋은 곳에서 태어나려는 궁극적인 삶의 목표를 가지고 열심히 기도한다. 그들은 전생을 내세로 이어지는 하나의 길로 여기고 있는 것이다. 그러나 서구사회에서는 '전생은 전생이고 현생은 현생이다.'라는 생각을 가지고 있다. 심지어 '전생은 없다.'라는 시각이 일반적이다.

누구나 깨달은 자가 될 수 있다

이 시대의 진정한 수행자는 사회를 위해 선한 일을 하거나
글을 써 타인의 마음을 감동시키거나
좋은 책을 써서 세상에 배움을 전해주는 사람이다.

나는 세속 생활을 하기 전, 신불산에서 17년 동안 혼자서 묵언 수행을 하면서 보냈다. 하루 일과는 등산객들이 버린 쓰레기를 줍거나 청소한 뒤 산속 폭포 아래에 있는 큰 바위에 앉아서 명상하는 일이 전부였다.

신불산에서 보낸 지 7년째가 되던 어느 날이었다. 나는 홀로 깊은 명상에 들었다가 눈앞의 천지(天地)가 갑자기 환해지는 경험을 했다. 그것은 거역할 수 없는 대자연의 참모습이었다. 나는

그때 거대한 대자연의 에너지가 내 몸속으로 들어오는 기이한 현상을 체험했던 것이다.

그 순간 이 지구에서 일어나는 모든 일들은 신에 의한 것이 아니라 대자연의 이치에 따르는 것임을 알게 되었다. 그리고 우리가 말하는 신은 다름 아닌 대자연의 강한 에너지임을 알게 되었다. 이것은 내가 얻은 대단한 깨달음이었다.

그 이후로 나는 10년이나 더 나의 몸과 마음을 대자연 속에 맡겼다. 그때 등산객들이 나의 흰 수염과 긴 머리를 보고 '괴짜 도인(道人)'이라고 불렀지만 나는 전혀 개의치 않았다. 누가 뭐라고 해도 관심이 없었다.

나는 산속에서 17년을 수행한 후, 국토를 따라 만행을 시작했다. 그 사이에 틈틈이 이 땅의 수행자들을 만나기도 했다. 그중에는 성철 스님도 있었다. 스님은 8년 동안 자리에 눕지 않는 '장좌불와 수행'을 하면서 목탁을 치고 경전을 읽었다고 해서 신자들 사이에서도 대단한 열풍이 일고 있던 분이었다.

당시만 해도 한국 불교는 중국의 선불교를 표방하고 있었는데 중국의 고승들이 산속의 깜깜한 동굴 안에서 평생 잠을 자지 않고 수행하는 방법을 대단하게 생각하고 있었다. 그 대표적인 선승이 초조달마와 이조혜가, 삼조승찬, 사조도신, 오조홍인, 육조혜능이었다. 현재의 조계종은 육조혜능의 수행처인 조계산을 따온 것이다.

그러나 인간의 육신은 그렇게 강하지 않다. 성철 스님처럼 장좌불와를 한 달만 지속해도 장애인이 될 수 있다. 붓다도 외도들과 피골이 상접할 정도로 수행한 뒤, 이것이 진정한 수행 방법이 아님을 알고 뛰쳐나와서 탁발수행을 하면서 '중도(中道)'를 깨쳤다고 하지 않던가.

무릇 수행이란 몸의 행위가 아니라 전적으로 마음 수행에 달린 문제라는 사실을 나는 오랜 명상을 통해 알고 있었기 때문에 그들의 수행 방법에 대해 적지 않은 의문을 가지고 있었다. 만약 성철 스님과 중국의 고승들이 고대 인도의 외도들처럼 뼈를 깎는 수행을 했다면 그건 깨우친 것이 아니라 신체적 능력이 뛰어난 것에 불과하다는 생각이 들었던 것이다.

내가 대자연의 이치를 깨치고 난 뒤 알게 된 것이 하나 있다. 인간이란 존재는 육신과 마음, 그리고 영혼으로 이루어져 있으며, 예언을 하거나 상대의 마음을 잘 알아맞히는 것과 같은 신통력은 얼마든지 개인의 수행을 통해 터득할 수 있다는 점이다. 그 한 예가 바로 고승이나 무속인, 그리고 점 보는 사람들이다. 이들은 깨친 것이 아니라 상대방의 영혼과 통신한 것에 불과하다. 즉 개인적인 수행을 통해 얻은 능력에 지나지 않는다는 것이다. 따라서 고승이나 도인을 보고 깨쳤다고 하는 것은 잘못된 일이다.

이것을 차원세계로 들어가 보면, 오만 가지의 통신주파수 가운데 어떤 한 개의 주파수와 통신한 것과 같다. 따라서 이것은 지혜를 깨친 것이 아니라 단순히 남들보다 신통한 능력을 조금 더 가진 것뿐이다.

신통력을 얻는 방법에는 여러 가지가 있다. 무식이 극치가 되면 된다. 그럼 얼마나 무식해야 할까? 대자연의 이치인 7대 3의 법칙에 따르면, 무식이 70%를 넘어서면 된다. 딴생각을 하지 않고 오직 무식을 빌어서 70% 이상으로 정신을 비워버리면, 무의식의 세계와 통신을 하게 되는데 이때 비로소 신통력을 얻게 된다.

그리고 누구든지 자신의 정신 세계를 70% 이상 버리면 바보 천치가 되거나 죽음 직전까지 간다. 그래서 이러한 사람은 바보가 되거나 무속인 혹은 도인이 된다. 왜냐하면 사람의 뇌는 잠자는 동안에도 작용하기 때문에 오랫동안 오직 한곳에만 집중하고 정신을 비워버리면 보이지 않는 영적인 세계가 자신의 몸을 지배하게 되고 이때 신통(神通)을 얻는 것이다.

이러한 신통력은 참선과 주력을 통해서도 얼마든지 가능하다. 신통에도 여러 가지가 종류가 있다. 병원에서도 "레드 썬!" 하면서 "이제부터 보입니까?" 하지 않는가. 이것도 신통력이다. 상대가 열어 주는 신통도 있고, 좌선을 통해 오는 신통도 있고, 고통을 참으면 오는 신통도 있다. 이때 중요한 것은 '일도(一道)'에 들어가는 것이다. 정신이 나를 버리고 다른 공간으로 움직이는 순간인 이때, 다른 차원세계와 연결되는데 이렇게 연결된 차원세계는 여러 번 지속되다가 순식간에 닫히기도 한다.

이것이 바로 신통의 세계이다. 주로 무당들이나 고승들이 체험하는 것들이다. 이를 두고 불교에서는 보통 '도가 터졌다.'고 하지만 사실은 말 그대로 한갓 도술(道術)에 지나지 않는다. 그런데 이를 두고 깨달았다고 난리를 친다. 이 또한 어떤 신통한 능력이 몸속으로 들어와서 한갓 재주를 피우는 일에 지나지 않는다.

신내림도 이와 같은 범주에 속한다. 점쟁이가 점을 치는 것도 신통에 지나지 않는다. 보통 "저 무당은 육신통과 타심통이 있다."고들 하는데, 그것은 과거의 조상들과 몇 가지 통신을 하고 있는 것뿐이다. 그런데 한심하게도 이런 것을 가지고 깨달음이니 오도(吾道)니 하는데 사실은 잘못 알고 있는 것이다.

이렇듯 진정한 깨달음은 무속이나 점이나 신통과는 아무런 관계가 없다. 진정한 깨달음을 얻으려면 먼저 마음의 지혜가 열려야 하는데 진정한 수행자는 마음을 스스로 정화시켜서 지식을 통해 지혜를 증득한다. 따라서 진정한 깨달음은 신통이 아니라 청정(淸淨)한 마음에서 오기 때문에 근본적으로 차원이 다르다.

다시 말하면, '남이 화를 내는 것을 보고 나는 화를 내지 않겠다.'라는 생각이 바로 지혜이다. '남이 교통신호를 위반하는 것을 보고 나는 교통신호를 위반하지 않겠다.'는 생각을 가지는 것이 바로 지혜이다. 지혜를 뭐 대단한 것처럼 여기지만 보편적인 생각 속에서 참된 마음을 깨치는 것이 지혜이고 이것이 진정한 깨달음이다.

눈과 귀를 통해 보이는 현상들을 묵묵히 흡수하여 잘못된 것은 버리고 좋은 것은 내 것으로 흡수하여 남을 위해 발산하는 것이 지혜인 것이다. 따라서 깨달음은 도인이나 점쟁이와는 다른 차원의 것이므로 누구나 치열한 마음 수행을 통해서 증득할 수 있다.

따라서 이 시대의 진정한 수행자는 사회를 위해서 선한 일을 하거나, 글을 써서 타인의 마음을 감동시키거나, 좋은 책을 써서 세상에 배움을 전해주는 사람이다. 이런 것을 제대로 모르니까 누가 장좌불와를 했다고 그를 대단한 인물이라고 치켜세우고 오도송을 읊었다고 대단한 선지식으로 보게 되는 것이다. 얼마나 어리석은 일인가.

스님에게 삼배하지 마라

이 세상에서 가장 귀중한 사람은

바로 자신을 낳아준 부모님이다

그러므로 삼배는 부모님에게

하는 것이 가장 이상적이다.

보통 신도가 스님을 만나면 삼배를 올린다. 나는 이것을 보면, 한편으론 이상한 생각이 들 때가 많다. 물론, 불가(佛家)에서 오랫동안 내려오는 관습(慣習)을 지금 내가 왈가왈부할 마음은 추호도 없다. 하지만《금강반야바라밀경(金剛般若波羅蜜經)》에 보면 '아상, 인상, 중생상, 수자상 등 사상(四相)'을 버려야만 부처가 될 수 있다.'라고 되어 있다.

간단하게 말하면 '상(相)'은 자신에 대한 집착이나 아집으로서 '내가 나인데.'라는 말이다. 스님에게 삼배를 올리는 행위도 스님의 상을 높이는 것과 다를 바가 없으며 또한 《금강반야바라밀경》의 가르침과도 크게 상반된 것이다. 그렇지 않은가. 어떤 분은 불법승(佛法僧) 삼보(三寶)에 따른다는 의견도 있지만 상위 개념은 《금강반야바라밀경》이다.

스님이란 붓다의 제자로서 '부처가 되는 날까지 공부를 하는 수행자'라는 의미를 갖고 있다. 그뿐만 아니라 신도들도 불가(佛家)의 관점으로 볼 때 수행자와 다를 바가 없다. 따라서 수행자끼리 서로 존중한다는 의미에서 마주보고 일배(一拜)만 하는 것이 좋다는 것이다. 그래서인지 요즘은 스님들도 서로 존중하는 의미에서 일배만 하자고 하기도 한다.

그럼, 어떤 분에게 삼배(三拜)를 올려야 할까? 이 세상에서 가장 귀중한 사람은 바로 자신을 낳아준 부모님이다. 그러므로 삼배는 자신의 부모님에게 하는 것이 가장 이상적이다.

지금은 첨단 과학이 이끌어가는 21세기이다. 이젠 수행자의 의미도 크게 달라져야 한다. 지금 이 시대의 진정한 수행자는 교수, 과학자, 선생, 의사, 건축가 등 자기 분야에서 필요한 지식을 쌓으면서 세상을 열심히 살고 있는 사람들이다. 말하자면, 지식으로 꽉 찬 이분들이 자신들의 허상(虛想)에서 벗어나 진정한 삶의 길이 무엇인지를 알았을 때 비로소 선지식이 된다. 즉 지식을 갖춘 사람들이 어떤 길이 바른 삶인가를 정확히 알고 자신의 길을 가야만 이 사회가 변화할 수 있다는 뜻이다.

그렇지 않고 글 한 자 제대로 공부하지 않은 무식한 사람이 쌀한 줌도 되지 않는 오래된 관습만을 깔고 앉아서 도만 열심히 닦는다고 해서 진정한 수행자가 되지는 않는다. 따라서 첨단 시대에 사는 성직자들도 공부를 하지 않으면 깨달음을 얻을 수 없다.

옛날 도인들은 밥도 굶어가면서 수행을 하고 깨달았다고 한다. 이게 과연 요즘 세상에도 통하는 일일까? 밥 안 먹고 수행하다가 죽었다면 밥을 왜 먹는지부터 알아야 한다. 농부의 피땀이 서린 곡식을 먹고 무엇을 해야 하는지 이것부터 먼저 깨달아야 된다는 것이다.

먹는 것도 아직 깨치지 못해서 굶어 죽었는데 무슨 대단한 수행을 했다고 하는지 모르겠다. 지금 종교계에서는 이런 수행자들을 깨달은 자라고 착각하고 있다. 단지 굶어 죽은 것에 지나지 않는 것을 더 이상 수행이라고 해서는 안 된다. 건강한 몸에 건강한 정신이 따른다는 말이 있다. 자신의 몸을 혹사하면서까지 도를 구한다는 건 어불성설이다. 이런 수행은 그저 낮은 데서 헤매다가 일생을 놓고 갔다는 얘기밖에 되지 않는다.

그래서 이 세상에 바른 법을 전할 깨달은 자가 아직도 없다는 것이다. 깨달은 자는 나중에 온다. 함부로 깨우쳤다고 말하지 말라. 지식인들이 깨달아서 세상에 나오면 그의 말을 들으면 된다.

무식한 자들의 말을 받아들고 그것이 답인 줄 알고 헤매면, 자신은 결코 무지에서 벗어나지 못한다.

이 땅의 지식인들이 거듭나서 어리석은 마음을 가진 사람들을 바르게 깨쳐 주어야만 이 나라가 발전한다. 지식은 없고 오직 무식한 자들이 나름대로의 계산법으로 수행을 말하는 것은 옳지 않다. 그런 수행자들이 많으니 종교가 자꾸 엉뚱한 길로 가고 있는 것이다.

복권에 당첨되기를 꿈꾸지 마라

노력과 성실이 주는 대가가

성공이라는 가치이고

거기에 따라오는 물질이 바로 돈이다

한탕주의를 꿈꾸지 마라.

현재 대한민국은 50~60년대에 태어난 이들이 경제와 정치 권력을 한꺼번에 쥐고 있다. 그들이 오늘날 돈과 사회적 지위를 갖게 된 것은 한국전쟁 속에서 겪었던 배고픔과 가난의 서러움을 두 번 다시는 겪지 않으리라는 강한 정신력이 바탕이 되었기 때문에 가능한 일이었다. 더구나 그들은 자신들의 삶을 살기 위해서만 노력한 것이 아니라 가족을 부양하겠다는 헌신적인 마음을 가지고 있었기 때문에 우리나라가 이만큼 발전할 수 있었다.

그뿐만 아니라, 이들 세대는 그들만의 사상(思想)과 이상(理想)을 가지고 국제사회의 흐름을 알고자 노력했고, 부족한 지식을 하나라도 더 채우기 위해 독서를 게을리하지 않았다는 장점이 있었다. 사람이 지식을 갖춘다는 건 그 어떤 어려움이 와도 능히 자력으로 극복할 힘을 갖게 된다는 뜻이다. 이처럼 기성세대들은 자신의 부족함을 메우기 위해 부단한 노력을 한 것은 물론, 가족들을 위해 열심히 일을 하다 보니 돈과 성공이 저절로 따라왔던 것이다. 말하자면 기성세대들은 문학과 사상을 논했지 결코 자신만을 위해 일하지는 않았다.

그런데 요즘 젊은이들은 어떤가. '욕심만 앞서는 사람은 더 큰 미래를 보지 못한다.'는 격언이 있다. 이들은 돈을 벌어서 오직 좋은 집과 좋은 차를 굴리는 것에만 관심이 있고, 그저 눈앞의 것만 탐닉하고 있다. 혹시 내가 잘못 본 것일까?

이 세상에는 자신이 할 수 있는 일과 못하는 일이 있다. 그게 무엇일까? 없는 사람이 당장 많은 자본을 마련할 수는 없지만 자신의 힘으로 갖출 수 있는 것이 있다. 그것은 바로 '지식'과 '성실함'이다. 이 두 가지는 오늘날의 사회를 살아가는 데 가장 필수적인 요소로서 개인이 무장해야 할 무기와 같다. 이것을 제대로 갖추지 못하면 결국 남보다 뒤처질 수밖에 없다. 만약 우리 젊은이들이 이를 간과한다면 남은 인생은 후회로 점철된 삶이 될 것이다.

더구나 지금 이 사회는 자신의 노력만으로는 결코 성공할 수 있는 시대가 아니라는 점이다. 능력을 갖춘 사람에게만 자본이 따라오는 것이 바로 이 시대의 논리이기 때문이다. 없는 사람이 자력으로 갖출 수 있는 것은 오직 '지식'과 '성실함'뿐이다. 이것은 남의 도움 없이 얼마든지 습득할 수 있는 것들이지만 이조차 제대로 갖추고 있지 않으면 자신의 미래는 암담할 수밖에 없다. 그렇지만 평소 '지식'과 '성실함'을 갖추고 있다면 얼마든지 기회와 행운이 찾아온다. 그러나 준비되지 않은 자에게는 행운도 찾아오지 않는다는 걸 우리 젊은이들은 반드시 명심하고 있어야 한다.

그런데 요즘 젊은이들은 어떤가? 오직 유튜브나 SNS 그리고 게임에만 빠져서 도통 책을 읽지 않다 보니 지식이 턱없이 부족하고 그로 인해 지혜가 바닥이다. 또한 눈앞의 것만 추구하다 보니 마음만 급하고 매사가 즉흥적이다. 지구력이 턱없이 부족해서 조금만 힘들면 하던 일도 그냥 내팽개친다. 더구나 대부분 욱하는 성격이 앞서다 보니 눈만 뜨면 부모와 기성세대 탓만 하는 것을 보면 안타깝다.

우리 젊은이들이 성공하려면 그에 대한 당위성을 충분히 가지고 있어야 한다. 이것이 옛날과 다른 점이다. 당위성이 없는 성공은 절대로 이루어지지 않는다. 노력과 성실이 주는 대가가 성공이라는 가치이고 거기에 따라오는 물질이 바로 돈이다. 그러니 한탕주의를 꿈꾸지 마라. 성공 뒤에 돈이 따라오는 것이지 성공 없이 돈이 바로 생기지 않는다. 돈은 그저 성공의 부산물에 지나지 않는다.

복권에 당첨되었다고 치자. 그게 바로 인생의 성공일까? 이것은 단순히 행운에 지나지 않는다. 그렇다고 자신의 인생을 바꿀 만한 대단한 일이 아니라는 것이다. 그런 곳에 인생을 걸지 말고 자신의 내면을 가꾸는 데 더 많은 시간과 공을 들여야 한다.

또한 돈이라는 놈은 눈이 달려 있어서 자신에게 딱 필요한 곳만 찾아가거나 원래 돈이 있는 곳으로만 몰려다니는 이상한 속성이 있다. 앞으로는 돈을 욕심내는 사람에게는 절대로 돈이 따라오지 않는 시대가 될 것이다. 90년대 이전까지만 해도 돈을 벌려고 하면 얼마든지 기회가 있었지만 지금은 절대로 그렇지 않다. 그러므로 우리 젊은이들이 돈을 벌려면 먼저 자신에게 주어진 일에 최선을 다하고 때를 기다려야 한다는 걸 알아야 한다. 사람들이 망하거나 실패하는 이유도 당장 눈앞의 것에만 집착하기 때문이다.

노력은 반드시 재능을 이긴다. 이처럼 대자연의 법칙은 우리 눈에 보이지 않지만, 결코 틀리지 않는다. 따라서 이 나라가 잘 되려면 기성세대들이 지혜를 가지고 우리 젊은이들을 잘 가르쳐야 한다. 우리 젊은이들이 올바르게 살아갈 수 있도록 스스로 지혜를 갖게 해야만 우리나라가 세계에서 가장 강한 국가가 될 수 있다.

통찰과 역설

2020년 6월 20일 초판 1쇄 | 2022년 6월 22일 31쇄 발행

지은이 천공
펴낸이 박시형, 최세현

마케팅 이주형, 양근모, 권금숙, 양봉호, 박관홍 **온라인마케팅** 신하은, 정문희, 현나래
디지털콘텐츠 김명래, 최은정, 김혜정 **해외기획** 우정민, 배혜림
경영지원 홍성택, 이진영, 임지윤, 김현우, 강신우
펴낸곳 마음서재 **출판신고** 2006년 9월 25일 제406-2006-000210호
주소 서울시 마포구 월드컵북로 396 누리꿈스퀘어 비즈니스타워 18층
전화 02-6712-9800 **팩스** 02-6712-9810 **이메일** info@smpk.kr

ⓒ 천공(저작권자와 맺은 특약에 따라 검인을 생략합니다)
ISBN 979-11-6534-175-6 (03320)

쌤앤파커스(Sam&Parkers)는 독자 여러분의 책에 관한 아이디어와 원고 투고를 설레는 마음으로 기다리
고 있습니다. 책으로 엮기를 원하는 아이디어가 있으신 분은 이메일 book@smpk.kr로 간단한 개요와 취
지, 연락처 등을 보내주세요. 머뭇거리지 말고 문을 두드리세요. 길이 열립니다.